PATENTES

NOMENCLATURE GÉNÉRALE

DES

COMMERCES, INDUSTRIES ET PROFESSIONS

passibles des droits de patente

PATENTES

NOMENCLATURE GÉNÉRALE

DES

COMMERCES, INDUSTRIES & PROFESSIONS

passibles des droits de patente

Annexe à la Loi du 15 juillet 1880.

PARIS

SOCIÉTÉ D'IMPRIMERIE ET LIBRAIRIE ADMINISTRATIVES

ET DES CHEMINS DE FER

Paul DUPONT

1881

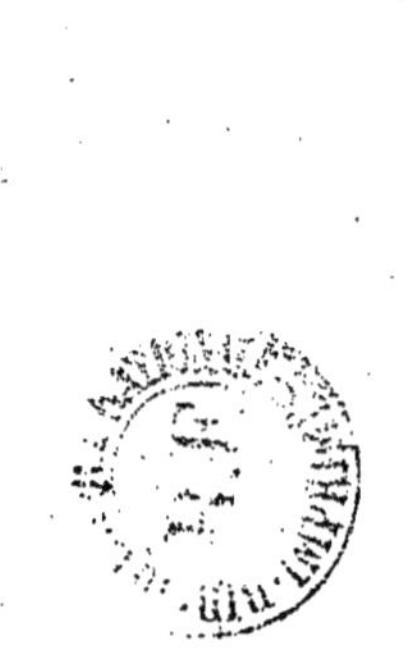

Nomenclature générale des commerces, industries et professions passibles des droits de patente.

TABLEAU A. — Tarif général des professions imposées eu égard à la population.

CLASSES	DROIT FIXE								
		DANS LES COMMUNES.							
	à Paris.	au-dessus de 100,000 âmes.	de 50,001 à 100,000 âmes.	de 30,001 à 50,000 âmes.	de 20,001 à 30,000 âmes.	de 10,001 à 20,000 âmes.	de 5,001 à 10,000 âmes.	de 2,001 à 5,000 âmes.	de 2,000 âmes et au-dessus.
1re........	400	300	240	180	120	80	60	45	35
2°	200	150	120	90	60	45	40	30	25
3°	140	100	80	60	40	30	25	22	18
4°........	75	75	60	45	30	25	20	15	12
5°........	50	50	40	30	20	15	12	9	7
6e........	40	40	32	24	16	10	8	6	4
7°........	20	20	16	12	8	*8	*5	*4	*3
8°........	12	12	10	8	6	*5	*4	*3	*2

Les patentables des 7e et 8e classes, vendant en ambulance, en étalage ou sous échoppe, sont exempts du droit proportionnel.

Le signe * veut dire exemption du droit proportionnel dans les villes de 20,000 âmes et au-dessus.

Sont réputés :
Marchands en gros, ceux qui vendent principalement à d'autres marchands ;
Marchands en demi-gros, ceux qui vendent habituellement aux détaillants et aux consommateurs ;
Marchands en détail, ceux qui ne vendent habituellement qu'aux consommateurs.

Professions imposées, eu égard à la population, d'après le tarif général.

1re CLASSE

DROIT PROPORTIONNEL AU 20°, SAUF LES EXCEPTIONS

Aiguilles à coudre et à tricoter (Marchand d') en gros.
Alcool ou eau-de-vie (Marchand d') en gros.
Bas et bonneterie (Marchand de) en gros.
Beurre frais ou salé (Marchand de) en gros.
Bimbelotier (Marchand) en gros.
Blondes (Marchand de) en gros.
Bois à brûler (Marchand de) ; celui qui, ayant chantier ou magasin, vend au stère ou par quantité équivalente ou supérieure.
Bois de marine ou de construction (Marchand de).
Bois merrain (Marchand de) en gros, s'il vend par bateau ou charrette.
Bois de sciage (Marchand de) en gros.
Bouchons (Marchand de) en gros.
Cachemires de l'Inde (Marchand de).

Café en grain, moulu, torréfié ou de chicorée (Marchand de) en gros.
Café chantant, café concert, café spectacle (Exploitant de), qu'il y ait ou non un droit d'entrée ; que le prix des objets de consommation soit ou ne soit pas payé à part,
Châles (Marchand de) en gros.
Changeur de monnaies.
Chapeaux de feutre, de soie ou de paille (Marchand de) en gros.
Chapellerie (Marchand de matières premières pour la).
Charbon de bois (Marchand de) en gros.
Charbon de terre épuré ou non (Marchand de) en gros ; celui qui vend principalement par quantités de 1,000 kilogrammes et au-dessus.
Chiffonnier (Marchand) en gros ; celui qui vend principalement par quantités excédant 2,000 kilogrammes.
Cloutier (Marchand) en gros.
Coton en laine (Marchand de) en gros.
Coton filé (Marchand de) en gros.
Coutellerie (Marchand de) en gros.
Crin frisé (Marchand de) en gros.
Cuirs en vert étrangers (Marchand de) en gros.
Cuirs tannés, corroyés, lissés, vernissés (Marchand de) en gros.
Déchets de laine, de coton ou de lin (Marchand

de) en gros ; celui qui vend principalement par quantités supérieures à 1,000 kilogrammes.

Denrées coloniales (Marchand de) en gros.

Dentelles (Fabricant ou marchand de) vendant en gros. Le fabricant de dentelles travaillant pour le commerce ne sera imposé d'après les règles du tableau C que dans le cas où il aurait un atelier ou un corps de fabrique dans lequel il occuperait plus de dix ouvriers d'une manière permanente. Dans le cas contraire, il sera considéré comme marchand et imposé comme tel, sans tenir compte des ouvriers disséminés qu'il pourrait occuper.

Droguiste (Marchand) en gros.

Epicerie (Marchand d') en gros.

Epingles (Marchand d') en gros.

Escompteur.

Essences ou eaux parfumées ou médicinales (Marchand d') en gros.

Faïence (Marchand de) en gros.

Fanons ou barbes de baleine (Marchand de) en gros.

Farines (Marchand de) en gros.

Fer en barres ou fonte de fer (Marchand de) en gros; celui qui vend principalement par quantités d'au moins 500 kilogrammes.

Fil de fer ou de laiton (Marchand de) en gros.

Fleurets et filoselle (Marchand de) en gros.

Fleurs artificielles (Marchand de) en gros.

Fourrures (Marchand de) en gros.

Fromages de pâte grasse (Marchand ou fabricant de) vendant en gros.

Fromages secs (Marchand de) en gros.

Fruits secs (Marchand de) en gros.

Gaz (Entrepreneur ou concessionnaire de l'éclairage au); celui qui se charge de distribuer, pour l'éclairage, du gaz qu'il ne fabrique pas lui-même.

Glaces (Marchand de) en gros.

Graine de vers à soie (Marchand de) en gros.

Graines fourragères, oléagineuses et autres (Marchand de) en gros; celui qui vend principalement par quantités égales ou supérieures à 10 hectolitres.

Grains (Marchand de) en gros; celui qui vend principalement par quantités égales ou supérieures à 100 hectolitres.

Horlogerie (Marchand en gros de pièces d').

Houblon (Marchand de) en gros.

Huiles (Marchand d') en gros.

Laine brute ou lavée (Marchand de) en gros.

Laine filée ou peignée (Marchand de) en gros.

Lait (Marchand expéditeur de).

Légumes secs (Marchand de) en gros.

Liège brut (Marchand de) en gros.

Lin ou chanvre brut ou filé (Marchand de) en gros.

Liqueurs (Marchand de) en gros.

Maroquinerie (Marchand de) en gros.

Mercerie (Marchand de) en gros.

Métaux (Marchand en gros de) autres que l'or, l'argent, le platine, le fer en barre ou la fonte.

Miel et cire brute (Marchand de) en gros.

Mine de plomb (Marchand de) en gros.

Œufs ou volailles (Marchand expéditeur d').

Os (Marchand d') en gros.

Papetier (Marchand) en gros.

Parfumeur (Marchand) en gros.

Passementier (Marchand) en gros.

Pastels (Marchand de) en gros.

Pâtes alimentaires (Marchand de) en gros.

Peaussier (Marchand) en gros.

Peignes (Marchand de) en gros.

Pelleteries (Marchand de) en gros, s'il tire habi-

tuellement des pelleteries de l'étranger ou s'il en exporte.

Pendules, bronzes, montres, chronomètres, objets en métal doré ou argenté (Marchand de) en gros.

Pharmacien vendant en gros.

Planches (Marchand de) en gros.

Plume et duvet (Marchand de) en gros.

Plumes pour parures (Marchand de) en gros.

Poisson salé, mariné, sec ou fumé (Marchand de) en gros.

Porcelaine (Marchand de) en gros.

Produits chimiques ou pharmaceutiques (Marchand de) en gros.

Quincaillerie ou ferronnerie (Marchand de) en gros.

Résines et autres matières analogues (Marchand de) en gros.

Rogues ou œufs de morue (Marchand de) en gros.

Rouge végétal (Marchand de) en gros.

Rubans pour modes (Marchand de) en gros.

Safran (Marchand de) en gros.

Sangsues (Marchand de) en gros.

Savon (Marchand de) en gros.

Sel (Marchand de) en gros.

Soie (Marchand de) en gros.

Soies de porc ou de sanglier (Marchand de) en gros.

Soufre (Marchand de) en gros.

Sucre brut et raffiné (Marchand de) en gros.

Suif fondu (Marchand de) en gros.

Tabac ou cigares, dans le département de la Corse (Marchand ou fabricant de), vendant en gros.

Tabac en feuilles (Marchand de).

Tapis peints ou vernis (Marchand de) en gros.

Teinture (Marchand en gros de matières premières pour la).

Thé (Marchand de) en gros.

Tissus de laine, de fil, de coton, de soie ou de crin (Marchand de) en gros.

Toiles cirées ou vernies (Marchand de) en gros.

Vannerie (Marchand de) en gros.

Ventes à l'encan (Directeur d'un établissement de).

Verrerie et cristaux (Marchand de) en gros.

Verres à vitres (Marchand de) en gros.

Viandes salées, fumées ou desséchées (Marchand de) en gros.

Vinaigre (Marchand de) en gros.

Vins (Marchand de) en gros, vendant principalement des vins par pièces ou paniers de vins fins, soit aux marchands en détail et aux cabaretiers, soit aux consommateurs.

2e CLASSE

DROIT PROPORTIONNEL AU 20e, SAUF LES EXCEPTIONS.

Affineur de platine.

Aiguilles à coudre et à tricoter (Marchand d') en demi-gros.

Alcool ou eau-de-vie (Marchand d') en demi-gros.

Approvisionneur de navires.

Bas et bonneterie (Marchand de) en demi-gros.

Beurre frais ou salé (Marchand de) en demi-gros.

Bijoutier (Marchand fabricant) ayant atelier et magasin.

Blondes (Marchand de) en demi-gros.

Bois à brûler (Marchand de); celui qui n'ayant ni chantier, ni magasin, vend sur bateau ou sur les ports, au stère ou par quantité équivalente ou supérieure.

Bois de teinture (Marchand de) en demi-gros.

Boucher (Marchand) en gros; celui qui achète des bestiaux sur pied, les fait abattre et les vend par quartiers à d'autres bouchers.

Bouteilles de verre (Marchand de) en gros.

Café en grains, moulu, torréfié ou de chicorée (Marchand de) en demi-gros.

Carrossier (Fabricant)

Chapeaux de feutre, de soie ou de paille (Marchand de) en demi-gros.

Cheveux (Marchand de) en gros; celui qui vend principalement aux autres marchands, aux coiffeurs ou aux perruquiers,

Cloutier (Marchand) en demi-gros.

Condition pour les soies, la laine ou le coton (Entrepreneur ou fermier d'une).

Coton filé (Marchand de) en demi-gros.

Coutellerie (Marchand de) en demi-gros.

Crin frisé (Marchand de) en demi-gros.

Cuirs tannés, corroyés, lissés, vernissés (Marchand de) en demi-gros.

Dentelles (Fabricant ou Marchand de) vendant en demi-gros. Le fabricant de dentelles, travaillant pour le commerce ne sera imposé d'après les règles du tableau C que dans le cas où il aurait un atelier ou un corps de fabrique dans lequel il occuperait plus de dix ouvriers d'une manière permanente. Dans le cas contraire, il sera considéré comme marchand et imposé comme tel, sans tenir compte des ouvriers disséminés qu'il pourrait occuper.

Diorama, panorama, néorama, géorama (Directeur de).

Droguiste (Marchand) en demi-gros.

Entrepôt (Concessionnaire, exploitant ou fermier des droits d'emmagasinage dans un).

Epicerie (Marchand d') en demi-gros.

Epingles (Marchand d') en demi-gros.

Essences ou eaux parfumées ou médicinales (Marchand d') en demi-gros

Fanons ou barbes de baleine (Marchand de) en demi-gros.

Fil de fer ou de laiton (Marchand de) en demi-gros.

Fleurets et filoselle (Marchand de) en demi-gros

Fourrures (Marchand de) en demi-gros.

Glaces (Marchand de) en demi-gros.

Huiles (Marchand d') en demi-gros.

Joaillier (Marchand ou fabricant) ayant atelier et magasin.

Laine filée ou peignée (Marchand de) en demi-gros.

Lin ou chanvre brut ou filé (Marchand de) en demi-gros.

Linger (Marchand ou fabricant) vendant en gros.

Linger (Fournisseur).

Liqueurs (Marchand de) en demi-gros.

Machines à coudre, à piquer, à broder, à plisser, et autres machines analogues (Marchand de) en gros.

Magasin général (Exploitant un).

Maroquinerie (Marchand de) en demi-gros.

Mercerie (Marchand de) en demi-gros.

Métaux (Marchand en demi-gros de) autres que l'or, l'argent, le platine, le fer en barre ou la fonte.

Nouveautés (Marchand de) n'occupant pas plus de dix personnes employées aux écritures, aux caisses, à la surveillance, aux achats et aux ventes intérieures ou extérieures.

Or, argent ou platine (Marchand d').

Orfèvre (Marchand fabricant) avec atelier et magasin.

Papetier (Marchand) en demi-gros.

Parfumeur (Marchand) en demi-gros.

Passementier (Marchand) en demi-gros.

Pâtes alimentaires (Marchand) en demi-gros.

Peaussier (Marchand) en demi-gros.

Pendules, bronzes, montres, chronomètres, objets en métal doré ou argenté (Marchand de) en demi-gros.

Pharmacien vendant en demi-gros.

Porcelaine (Marchand de) en demi-gros.

Produits chimiques ou pharmaceutiques (Marchand de) en demi-gros.

Quincaillerie ou ferronnerie (Marchand de) en demi-gros.

Résines et autres matières analogues (Marchand de) en demi-gros.

Rubans pour modes (Marchand de) en demi-gros.

Savon (Marchand de) en demi-gros.

Sel (Marchand de) en demi-gros.

Serrurerie (Marchand en gros d'objets de).

Soie (Marchand de) en demi-gros.

Soies de porc ou de sanglier (Marchand de) en demi-gros.

Soufre (Marchand de) en demi-gros.

Sucre brut et raffiné (Marchand de) en demi-gros.

Suif fondu (Marchand de) en demi-gros.

Tabletterie (Marchand de) en gros.

Tapis peints ou vernis (Marchand de) en demi-gros.

Thé (Marchand de) en demi-gros.

Tissus de laine, de fil, de coton, de soie ou de crin (Marchand de) en demi-gros.

Toiles cirées ou vernies (Marchand de) en demi-gros.

Verrerie et cristaux (Marchand de) en demi-gros.

Verroterie et gobeleterie (Marchand de) en demi-gros.

Vêtements confectionnés (Marchand de) en gros, n'occupant pas habituellement plus de dix personnes employées aux écritures, aux caisses, à la surveillance, aux achats et aux ventes intérieures ou extérieures.

3e CLASSE

DROIT PROPORTIONNEL AU 20e, SAUF LES EXCEPTIONS.

Agréeur.

Amidon (Marchand d') en gros.

Appareils en fer ou en fonte pour le filtrage ou la clarification des eaux (Fournisseur ou entrepreneur de l'établissement d').

Ardoises (Marchand d') en gros; celui qui vend principalement par quantités supérieures à mille ardoises.

Bâtiments (Entrepreneur de).

Bazar de voitures (Tenant).

Bière (Entrepositaire ou marchand en gros de).

Bijoutier (Marchand) n'ayant point d'atelier.

Bimbelotier (Marchand) en demi-gros.

Bœufs (Marchand de).

Bois de sciage (Marchand de); celui qui ne vend qu'aux menuisiers, ébénistes, charpentiers et aux particuliers.

Bois d'ébénisterie (Marchand de).

Bois en grume ou de charronnage (Marchand de).

Broderies (Marchand ou fabricant de) vendant en gros. Le fabricant de broderies travaillant pour le commerce ne sera imposé d'après les règles du tableau C que dans le cas où il aurait un atelier ou un corps de fabrique dans lequel il occuperait plus de dix ouvriers d'une manière permanente. Dans le cas contraire, il sera considéré comme marchand et imposé comme tel sans tenir compte des ouvriers disséminés qu'il pourrait occuper.

Carton ou carton-pierre (Marchand fabricant d'ornements en pâte de).

Châles (Marchand de) en détail.

Chardons pour le cardage (Marchand de) en gros.

Cheveux (Marchand de) en demi-gros; celui qui vend habituellement aux autres marchands, aux coiffeurs, aux perruquiers et aux particuliers.

Chimiste expert.

Chocolat (Marchand de) en gros.

Cidre (Marchand de) en gros; celui qui vend principalement par pièces ou par quantités supérieures, soit aux marchands en détail, soit aux cabaretiers, soit aux consommateurs.

Cols, collets, cravates ou rabats (Marchand de) en gros.

Comestibles (Marchand de).

Confiseur.

Conserves alimentaires (Marchand de).

Coraux (Préparateur de).

Coraux bruts (Marchand de).

Corsets (Marchand ou fabricant de) vendant en gros.

Cuirs en vert du pays (Marchand de) en gros.

Dégras (Marchand ou fabricant de) vendant en gros.

Déménagements (Entrepreneur de), s'il a plusieurs voitures.

Dentelles (Entrepreneur de fabrication de); celui qui, fournissant le fil et moyennant un prix convenu, fait fabriquer pour les maisons qui lui donnent des dessins.

Droguiste (Marchand) en détail.

Eau filtrée ou clarifiée et dépurée (Entrepreneur d'un établissement d').

Encre à écrire (Fabricant ou marchand d') vendant en gros.

Engrais ou amendements (Marchand d') en gros; celui qui vend aux autres marchands ou faits des envois sur commande.

Eponges (Marchand d') en gros.

Equipement militaire (Marchand d'objets d').

Fécules (Marchand de) en gros.

Filets, gants, mitaines, résilles ou autres ouvrages à mailles (Marchand ou fabricant de) vendant en gros. Le fabricant travaillant pour le commerce ne sera imposé d'après les règles du tableau C que dans le cas où il aurait un atelier ou un corps de fabrique dans lequel il occuperait plus de dix ouvriers d'une manière permanente. Dans le cas contraire, il sera considéré comme marchand et imposé comme tel, sans tenir compte des ouvriers disséminés qu'il pourrait occuper.

Fleurs artificielles (Marchand de) en demi-gros.

Fondeur d'or et d'argent.

Fruits secs (Marchand de) en demi-gros.

Gants (Marchand de) en gros.

Glacier-Limonadier.

Graine de vers à soie (Marchand de) en demi-gros.

Harpes (Facteur ou marchand de) ayant boutique ou magasin.

Horloger.

Hôtel (Maître d').

Housses et autres articles analogues pour les bourreliers et les selliers (Marchand ou fabricant de).

Hydromel (Fabricant ou marchand d').

Imprimeur-typographe.

Imprimerie (Marchand de presses, caractères et ustensiles d').

Instruments de chirurgie en métal (Fabricant d') ayant atelier ou magasin.

Instruments de musique (Marchand d') : celui qui vend à d'autres marchands ou fait des envois sur commande.

Joaillier (Marchand), n'ayant point d'atelier.

Lattes (Marchand de) en gros.

Libraire-éditeur.

Liqueurs (Fabricant de).

Literie (Marchand d'articles de).

Luthier (Fabricant) pour son compte.

Machines à coudre, à piquer, à broder, à plisser et autres machines analogues (Marchand de) en demi-gros.

Marbre (Marchand de) en gros.

Marc d'olives (Marchand de); celui qui achète des marcs d'olive pour les revendre aux fabricants d'huile de ressence.

Modes (Marchand de).

Musique (Marchand de) éditeur.

Nacre brut (Marchand de).

Oranges ou citrons (Marchand d') en gros.

Orfèvre (Marchand) sans atelier.

Orgues d'églises (Fabricant d').

Pacotilleur; celui qui expédie par petites quantités dans les colonies ou à l'étranger des marchandises diverses et qui reçoit en retour soit de l'argent, soit des marchandises d'une autre nature.

Pâtissier vendant en gros.

Pendules, bronzes, montres, chronomètres, objets en métal doré ou argenté (Marchand de) en détail.

Pharmacien vendant au détail.

Pianos et clavecins (Facteurs ou marchand en boutique ou magasin de).

Plaqué ou doublé d'or et d'argent (Fabricant ou marchand d'objets en).

Plume et duvet (Marchand de) en détail.

Plumes à écrire, plumes d'oie, de cygne, de corbeau (Marchand de) en gros.

Plumes métalliques (Marchand de) en gros.

Poisson salé, mariné, sec ou fumé (Marchand de) en demi-gros.

Produits chimiques ou pharmaceutiques (Marchand de) en détail.

Restaurateur et traiteur à la carte ou portant en ville.

Saleur de viandes.

Sarraux ou blouses (Marchand ou fabricant de) vendant en gros.

Sellier-carrossier.

Soie (Marchand de) en détail.

Soudes végétales indigènes (Marchand de) en gros.

Tabac ou cigares dans le département de la Corse (Marchand ou fabricant de) vendant en demi-gros.

Tabletterie (Marchand de matières premières pour la).

Tailleur ou couturier (Marchand) pour hommes ou pour femmes, avec magasin d'étoffes.

Tapis de laine et tapisseries (Marchand de).

Tissus de laine, de fil, de coton, de soie ou de crin (Marchand de) en détail.

Tour (Marchand en gros d'objets faits au).

Tourteaux (Marchand de) en gros; celui qui vend principalement par quantités de 1,000 kilogrammes et au-dessus.

Truffes (Marchand de) en gros.

Varech (Marchand de) en gros.

Verres à vitres (Marchand de) en demi-gros.
Viandes salées, fumées ou desséchées (Marchand
de) en demi-gros.
Voilier, pour son compte.

4e CLASSE.

DROIT PROPORTIONNEL AU 30e, SAUF LES EXCEP-
TIONS.

Agent d'affaires.
Aiguilles à coudre et à tricoter (Marchand d')
en détail.
Alambics ou autres grands vaisseaux en cuivre
(Marchand d').
Anchois (Saleur d').
Apparaux (Maître d').
Appréciateur au Mont-de-Piété.
Arbitre-rapporteur près les tribunaux de com-
merce, s'il en fait sa profession habituelle.
Balais (Marchand de) en gros.
Baleine (Marchand de brins de).
Bas et bonneterie (Marchand de) en détail.
Billards (Fabricant de) ayant magasin.
Billard (Maître de).
Blondes (Marchand de) en détail.
Bois de teinture (Marchand de) en détail.
Boisselier (Marchand) en gros.
Bottier ou cordonnier (Marchand); celui qui
tient magasin de chaussures.
Boucher (Marchand).
Boulangerie par procédés mécaniques (Exploi-
tant de).
Boules à teinture (Fabricant de).
Brodeur sur étoffes, en or et en argent.
Broderies (Marchand ou fabricant de) vendant en
demi-gros. Le fabricant de broderies travail-
lant pour le commerce ne sera imposé, d'a-
près les règles du tableau C, que dans le cas
où il aurait un atelier ou un corps de fabrique
dans lequel il occuperait plus de dix ouvriers
d'une manière permanente. Dans le cas contraire, il sera considéré comme marchand
et imposé comme tel, sans tenir compte
des ouvriers disséminés qu'il pourrait occuper.
Cafetier.
Caoutchouc, gutta-percha ou autres matières semblables (Fabricant ou marchand d'objets confectionnés ou d'étoffes garnies en).
Cartier, fabricant de cartes à jouer.
Cercles ou sociétés littéraires (Entrepreneur d'é-
tablissements pour les); celui qui fournit
aux cercles le local chauffé et éclairé, ainsi
que les journaux, revues, brochures et le
mobilier de toute espèce qui leur est néces-
saire.
Charcutier.
Charpentier (Entrepreneur-fournisseur).
Chasubles ou autres ornements d'église (Mar-
chand ou fabricant de).
Chaussons de lisière, pantoufles ou sandales
(Marchand de) en gros.
Chevaux (Marchand de).
Cire à cacheter (Fabricant de).
Cirier (Marchand).
Cochons (Marchand de).
Cecons (Marchand de).
Commissionnaire au Mont-de-Piété.
Commissionnaire en marchandises, lorsqu'il
s'entremet seulement pour la vente aux
marchands détaillants et aux consommateurs.
Cordier, marchand de câbles et cordages pour
la marine ou la navigation intérieure.
Corroyeur (Marchand).
Coton filé (Marchand de) en détail.
Cotrets sur bateaux (Marchand de).

Couleurs, vernis et droguerie à l'usage des
peintres (Marchand de).
Courses de chevaux (Entrepreneur d'établisse-
ment pour les).
Courtier de marchandises, lorsqu'il s'entremet
seulement pour la vente aux marchands détail-
lants et aux consommateurs.
Couverts et autres objets en fer battu ou étamé
(Marchand de) en gros.
Couvertures de soie, bourre, laine, coton, etc.
(Marchand de).
Couvreur (Entrepreneur).
Crin frisé (Marchand de) en détail.
Cuirs tannés, corroyés, lissés, vernissés (Marchand de) en détail.
Décors et ornements d'architecture (Marchand
de).
Dentelles (Fabricant ou marchand de) vendant
en détail. Le fabricant de dentelles travaillant
pour le commerce ne sera imposé d'après les
règles du tableau C que dans le cas où il aurait un atelier ou un corps de fabrique dans
lequel il occuperait plus de dix ouvriers d'une
manière permanente. Dans le cas contraire, il
sera considéré comme marchand et imposé
comme tel, sans tenir compte des ouvriers
disséminés qu'il pourrait occuper.
Dorures et argentures sur métaux (Fabricant
de), n'employant pas les procédés galvaniques.
Dorures pour passementeries (Marchand de).
Eaux gazeuses, eaux minérales naturelles ou
factices, ou limonades gazeuses (Marchand ou
fabricant d').
Écorces de bois pour tan (Marchand d').
Encriers perfectionnés (syphoïde, pompe ino-
xydable, etc.) (Fabricant ou marchand d').
Essayeur pour le commerce.
Estaminet (Maître d').
Estampeur en or et en argent.
Expert près les tribunaux, s'il en fait sa profession
habituelle.
Facteur de denrées et marchandises, lorsqu'il
s'entremet seulement pour la vente aux mar-
chands détaillants et aux consommateurs.
Faïence (Marchand de) en demi-gros.
Farines (Marchand de) en demi-gros.
Fer en barre ou fonte de fer (Marchand de) en
détail : celui qui vend habituellement par
quantités inférieures à 500 kilogrammes.
Fer vieux (Marchand de) en gros.
Fil de fer ou de laiton (Marchand de) en
détail.
Filets, gants, mitaines, résilles ou autres ouvrages à mailles (Marchand ou fabricant de),
vendant en demi-gros. Le fabricant travaillant
pour le commerce ne sera imposé d'après les
règles du tableau C que dans le cas où il
aurait un atelier ou un corps de fabrique dans
lequel il occuperait plus de dix ouvriers d'une
manière permanente. Dans le cas contraire, il
sera considéré comme marchand et imposé
comme tel, sans tenir compte des ouvriers
disséminés qu'il pourrait occuper.
Fleurets et filoselle (Marchand de) en détail.
Fleurs naturelles et plantes d'ornement (Marchand de) en gros.
Fonte ouvragée (Marchand de).
Fosses mobiles inodores (Entrepreneur de).
Fourreur.
Fourrures (Marchand de) en détail.
Fromages de pate grasse (Marchand ou fabricant
de) vendant demi-gros.
Fromages secs (Marchand de) en demi-gros.

Graines fourragères, oléagineuses et autres (Marchand de) en demi-gros; celui qui vend habituellement par sacs ou par balles.

Grainetier-fleuriste (Marchand) en gros; celui qui vend aux autres marchands ou fait des envois sur commande.

Grains (Marchand de) en demi-gros; celui qui vend habituellement par quantités de 20 à 100 hectolitres.

Graveur sur cylindres.

Herboriste (Marchand) en gros.

Hongroyeur ou hongrieur.

Horlogerie (Marchand de fournitures d').

Hôtel garni (Maître d'), louant à la semaine, à la quinzaine ou au mois.

Houblon (Marchand de) en demi-gros.

Imprimeur lithographe éditeur.

Instruments pour les sciences (Facteur ou marchand d'), ayant boutique ou magasin.

Jardin public (Tenant un).

Laine brute ou lavée (Marchand de) en détail.

Laine filée ou peignée (Marchand de) en détail.

Laineur.

Lait (Marchand de), en gros; celui qui vend aux crémiers, laitiers, cafetiers, etc.

Légumes frais, champignons et autres comestibles analogues (Marchand de) en gros.

Légumes secs (Marchand de) en demi-gros.

Limonadier non glacier.

Lin ou chanvre filé (Marchand de) en détail.

Linger (Marchand ou fabricant) vendant en demi-gros.

Liqueurs (Marchand de) en détail.

Location d'immeubles (Entrepreneur de); celui dont la profession consiste à louer, par spéculation, des maisons exclusivememt en vue de les sous-louer.

Lustres (Fabricant ou marchand de).

Maçonnerie (Entrepreneur de).

Maillechort et autres compositions métalliques (Fabricant ou marchand en gros d'objets en).

Mandataire salarié pour l'administration des faillites, s'il en fait sa profession habituelle.

Manège d'équitation (Tenant un).

Maroquinerie (Marchand de) en détail.

Mâts (Constructeur de).

Mécanicien.

Menuisier (Entrepreneur).

Mercerie (Marchand de) en détail.

Métaux (Marchand en détail de) autres que l'or, l'argent, le platine, le fer en barre ou la fonte.

Meules de moulin (Fabricant de).

Miel et cire brute (Marchand de) en détail.

Moutardier (Marchand) en gros.

Moutons et agneaux (Marchand de).

Mulets et mules (Marchand de).

Nécessaires (Marchand de).

Nougat (Marchand de) en gros.

Œufs ou volailles (Marchand d') en gros.

Orgues portatives ou harmoniums (Fabricant pour son compte ou marchand d').

Ornemaniste.

Pains d'épices (Marchand ou fabricant de) vendant en gros.

Papetier (Marchand) en détail.

Pastels (Marchand de) en détail.

Pâtissier vendant en détail.

Peaussier (Marchand) en détail.

Peaux en vert ou crues (Marchand de).

Peinture en bâtiments (Entrepreneur de).

Pelleteries (Marchand de) en détail.

Photographie (Fabricant ou marchand d'appareils, ustensiles et fournitures pour la) ayant boutique ou magasin.

Pierre artificielle ou factice (Fabricant d'objets en).

Plafonneur ou plâtrier (Entrepreneur).

Plieur d'étoffes.

Polytypage (Fabricant de).

Pommes et autres fruits considérés comme n'étant pas des fruits secs (Marchand de) en gros.

Pommes de pin et d'autres arbres résineux (Marchand de) en gros.

Pommes de terres (Marchand de) en gros; celui qui vend principalement par quantités égales ou supérieures à vingt hectolitres.

Pompes à incendie (Fabricant de).

Poterie (Marchand de) en gros.

Presseur de poisson de mer.

Quincaillerie (Marchand de) en détail.

Receveur de rentes.

Registres (Fabricant de) pour son compte.

Représentant de commerce, lorsqu'il s'entremet seulement pour la vente aux marchands détaillants et aux consommateurs.

Restaurateur et traiteur à la carte et à prix fixe.

Rubans pour modes (Marchand de) en détail.

Sabots (Marchand de) en gros.

Safran (Marchand de) en demi-gros.

Sangsues (Marchand de) en demi-gros.

Sécheur de morue; celui se qui charge de laver et faire sécher en plein air la morue apportée en vert.

Serrurier (Entrepreneur).

Serrurier (Mécanicien).

Serrurier en voitures suspendues.

Sondes (Fabricant de grandes).

Suif en branches (Marchand de).

Suif fondu (Marchand de) en détail.

Tapissier (Marchand).

Teinturier-dégraisseur pour les particuliers, travaillant avec machine à vapeur.

Thé (marchand de) en détail.

Tiges, empeignes ou brides de chaussures (Fabricant ou marchand de), ayant magasin de vente.

Tôle vernie (Fabricant d'ouvrages en).

Tonneaux, barriques, etc. (Fabricant ou marchand de) pour expéditions maritimes ou commerciales.

Tourbe (Marchand de) en gros.

Truffes (Marchand de) en demi-gros.

Tulles (Marchand de) en détail.

Tuyaux en fil de chanvre, en ciment, etc., pour les pompes à incendie et les arrosements (Fabricant de).

Vaches ou veaux (Marchand de).

Vannerie (Marchand de) en demi-gros.

Viandes salées, fumées ou desséchées (Marchand de) en détail.

Vinaigrier en detail.

Vins (Marchand de) en détail, vendant habituellement, pour être consommés hors de chez lui, des vins au panier ou à la bouteille.

Voiturier marchand de vin, de bière, de cidre, de sel.

Volailles truffées (Marchand de).

5e CLASSE.

DROIT PROPORTIONNEL AU 30e, SAUF LES EXCEPTIONS.

Accouchement (Chef de maison d').

Acier poli (Fabricant d'objets en) pour son compte.

Affineur de métaux autres que l'or, l'argent et le platine.

Agrafes (Fabricant d') par les procédés ordinaires, pour son compte.

Agréeur, dégustateur ou inspecteur des eaux-de-vie : celui qui constate, à la requête et aux frais des parties intéressées, le poids et le goût des alcools ou leur identité avec les échantillons pris au moment des expéditions.

Albâtre (Fabricant ou marchand d'objets en).

Alcool ou eau-de-vie (Marchand d') en détail.

Almanachs ou annuaires (Editeur propriétaire d').

Appareils et ustensiles pour l'éclairage au gaz (Fabricant ou marchand d').

Appareils électriques ou à air comprimé pour les appartements (Fabricant ou marchand d').

Apprêteur de chapeaux de paille.

Apprêteur d'étoffes pour les particuliers.

Armurier.

Arrosage, balayage ou enlèvement des boues (Entreprise de l') de toute une ville.

Aubergiste ou cabaretier-logeur.

Bains publics et douches (Entrepreneur de).

Balancier (Marchand).

Bals publics (Entrepreneur de).

Barques, bateaux ou canots (Marchand de).

Bijoutier (Fabricant) pour son compte, sans magasin.

Bijoux en faux (Marchand de).

Bimbeloterie fine (Marchand de) en détail.

Blanchisseur de toiles et fils pour les particuliers.

Blatier avec voiture.

Bois à brûler (Marchand de) ; celui qui, n'ayant ni chantier, ni magasin, ni bateau, vend par voiture au domicile des consommateurs.

Bois de bateaux (Marchand de).

Bois de boissellerie (Marchand de).

Bois de volige (Marchand de).

Bois feuillard (Marchand de).

Boîtes et bijoux à musique (Fabricant de mécaniques pour), pour son compte.

Boucher à la cheville ; celui qui revend la viande achetée par quartiers.

Bouclerie (Marchand ou fabricant de), pour son compte

Bougies de cire, stéarine, paraffine, etc. (Marchand de).

Boulanger.

Bourre de soie, déchets de soie ou débris de cocons (Marchand de).

Bouteilles de verre (Marchand de) en détail.

Boutons de métal, corne, cuir bouilli, etc. (Fabricant de), pour son compte.

Brocanteur en boutique ou magasin.

Broches et cannelets pour la filature (Fabricant de), pour son compte.

Broderies (Marchand ou fabricant de) vendant en détail. Le fabricant de broderies, travaillant pour le commerce, ne sera imposé d'après les règles du tableau C que dans le cas où il aurait un atelier ou un corps de fabrique dans lequel il occuperait plus de dix ouvriers d'une manière permanente. Dans le cas contraire, il sera considéré comme marchand et imposé comme tel, sans tenir compte des ouvriers disséminés qu'il pourrait occuper.

Bureau de distribution d'imprimés, de cartes de visite, annonces, etc. (Entrepreneur d'un).

Bureau d'indication pour la vente ou la location des propriétés, bureau de renseignements divers (Tenant un).

Cabaretier ou marchand de bière ou de cidre en détail, ayant billard.

Calandreur d'étoffes neuves.

Caractères mobiles en métal autre que la fonte d'imprimerie (Fabricant de).

Carrossier raccommodeur.

Cartonnage fin (Fabricant ou marchand de).

Cercles ou sociétés (Fournisseurs des objets de consommation dans les).

Chapeaux de paille (Marchand de) en détail.

Chapelier en fin.

Chapellerie (Marchand de fournitures pour la).

Charbon de bois (Marchand de) en demi-gros.

Charbon de terre épuré ou non (Marchand de) en demi-gros ; celui qui vend habituellement par quantités inférieures à 1,000 kilogrammes.

Chaudronnier.

Chevaux (Loueur de).

Chevaux (Tenant pension de).

Cheveux (Marchand de) en détail.

Chiffonnier (Marchand) en demi-gros ; celui qui vend habituellement par quantités de 1,000 à 2,000 kilogrammes.

Chocolat, bonbons ou menue confiserie (Marchand de) en détail.

Cierges en stéarine (Marchand de).

Cloches de toutes dimensions (Marchand de).

Cloutier (Marchand) en détail.

Coffretier malletier en cuir.

Colle solide ou en poudre pour la clarification des vins et liqueurs (Fabricant de).

Colleur d'étoffes.

Cornes brutes (Marchand de).

Corsets (Fabricant ou marchand de) vendant en demi-gros.

Coutelier (Marchand).

Crémier-Glacier.

Crics (Fabricant ou marchand de)

Crin frisé (Apprêteur de).

Culottier en peau (Marchand).

Curiosité (Marchand en boutique d'objets de).

Cylindres pour filature (Tourneur et couvreur de).

Décatisseur.

Déchets de laine, de coton ou de lin (Marchand de) en demi-gros ; celui qui vend habituellement par quantités de 500 à 1,000 kilogrammes.

Déchireur ou dépeceur de bateaux.

Dents et râteliers artificiels (Fabricant ou marchand de).

Dés à coudre en métal autre que l'or et l'argent (Fabricant de) pour son compte.

Ebéniste (Marchand), ayant boutique ou magasin.

Eclairage à l'huile pour le compte des particuliers (Entrepreneur d').

Emballeur pour les vins.

Emplacement pour dépôt de marchandises (Exploitant un) ; celui qui, propriétaire ou locataire d'un emplacement, reçoit des marchandises en dépôt moyennant rétribution.

Eperonnier pour son compte.

Epicerie (Marchand d') en détail.

Eponges (Marchand d') en détail.

Equipage (Maître d').

Essences ou eaux parfumées ou médicinales (Marchand d') en détail.

Etain (Fabricant de feuilles d').

Etriers (Fabricant d') pour son compte.

Etrilles (Fabricant d') pour son compte.

Ferblantier-Lampiste.

Ferronnerie (Marchand de) en détail.

Fleurs artificielles (Fabricant de) ayant boutique ou magasin.

Fleurs artificielles (Marchand de) en détail.
Forces (Fabricant de) pour son compte.
Forgeron de petites pièces (canons, platines) pour
  son compte.
Fourrages (Marchand de) par bateaux, charrettes
  ou voitures.
Frangier (Marchand).
Galonnier (Marchand).
Gants (Marchand de) en détail.
Glaces (Marchand de) en détail.
Glacier.
Gymnase (Maître de).
Huiles (Marchand d') en détail.
Huîtres (Marchand d') pour la consommation lo-
  cale, vendant habituellement, par bourriche ou
  par panier, aux détaillants, aux restaurateurs,
  aux aubergistes, aux traiteurs, aux cafetiers.
Instruments de chirurgie en métal (Marchand d')
Instruments de musique à vent, en bois ou en
  cuivre (Facteur ou marchand d').
Ivoire (Marchand d'objets en).
Jeu de paume (Maître de).
Joaillier (Fabricant) pour son compte.
Lampiste.
Lapidaire en pierres fausses (Marchand).
Laveur de laines par procédés ordinaires.
Layetier-emballeur.
Libraire non éditeur.
Liège brut (Marchand de) en détail.
Loueur de voitures suspendues.
Lunetier (Marchand).
Lutherie (Fabricant ou marchand de pièces de).
Luthier rhabilleur (Marchand).
Machines à coudre, à piquer, à broder, à plisser
  et autres machines analogues (Marchand de) en
  détail.
Magasinier.
Maréchal expert; celui qui, ayant ou non un ate-
  lier de maréchallerie, soigne, sans être muni du
  diplôme de vétérinaire, les animaux malades.
Maroquinier pour son compte.
Marrons et châtaignes (Marchand de) en gros.
Mégissier pour son compte.
Menuisier-mécanicien.
Meubles (Marchand de).
Meules à aiguiser (Fabricant ou marchand de).
Meules de moulin (Marchand de).
Mine de plomb (Marchand de) en détail.
Minerai de fer (Marchand de) ayant magasin.
Miroitier.
Modiste.
Monteur d'agrès et de manœuvres de navires.
Monteur de boîtes de montres pour son compte.
Monuments funèbres (Entrepreneur de).
Moulures (Fabricant de) pour son compte.
Moulures (Marchand de) en boutique.
Musique (Marchand de) non éditeur.
Nacre de perles (Fabricant d'objets en) pour son
  compte.
Nacre de perles (Marchand d'objets en).
Natation (Tenant une école de).
Orfèvre (Fabricant) pour son compte.
Osier (Marchand d') vendant par voiture ou par
  bateau.
Papiers peints pour tentures (Marchand de).
Papiers ou taffetas préparés pour usages médici-
  naux (Marchand de).
Parc aux charrettes (Tenant un).
Parfumeur (Marchand) en détail.
Passementier (Marchand) en détail.
Pavés (Marchand de).
Peignes de soie (Marchand de).
Peintre-vernisseur en voitures ou équipages.
Perles fausses (Marchand de).

Photographe.
Pianos et clavecins (Fabricant de) n'ayant ni
  boutique ni magasin.
Pianos (Loueur de).
Pierres à feu (Marchand de).
Pierres lithographiques (Marchand de).
Planches (Marchand de) en détail; celui qui ne
  vend qu'aux menuisiers, ébénistes, charpentiers
  et particuliers.
Plaqueur, pour son compte.
Plombier.
Plumassier (Fabricant ou marchand).
Poisson frais (Marchand de) en gros.
Pompes de métal (Fabricant de).
Porcelaines (Marchand de) en détail.
Relais (Entrepreneur de).
Résines et autres matières analogues (Marchand
  de) en détail.
Restaurateur et traiteur à prix fixe seulement.
Rogue ou œufs de morues (Marchand de) en dé-
  tail.
Rôtisseur.
Rouge végétal (Marchand de) en détail.
Saleur d'olives.
Sang (Marchand de), pour usages autres que l'en-
  grais des terres.
Savon (Marchand de) en détail.
Seaux à incendie (Fabricant de).
Sellier harnacheur.
Serrurier non entrepreneur.
Soies de porc ou de sanglier (Marchand de) en
  détail.
Soufflets (Fabricant ou marchand de gros) pour
  les forgerons, bouchers, etc.
Soufre (Marchand de) en détail.
Sparterie pour modes (Marchand ou fabricant de).
Sucre brut et raffiné (Marchand de) en détail.
Tableaux, aquarelles, dessins (Marchand de).
Taffetas gommés ou cirés (Marchand de).
Taillandier.
Tailleur marchand d'habits neufs.
Tailleur ou couturier (Marchand) pour hommes
  ou pour femmes, sans magasin d'étoffes, four-
  nissant sur échantillons.
Tapis peints ou vernis (Marchand de) en détail.
Taureaux pour les courses (Loueur de).
Tir au pistolet (Maître de).
Toiles cirées ou vernies (Marchand de) en détail.
Toiles métalliques (Fabricant de) pour son
  compte.
Tôle vernie (Marchand d'ouvrages en).
Traçons (Maître de).
Tricots à l'aiguille (Fabricant ou marchand de).
Ustensiles de chasse ou de pêche (Marchand d').
Verrerie et cristaux (Marchand de) en détail.
Vidange (Entrepreneur de).
Vin (Marchand de) en détail, donnant à boire
  chez lui et tenant billard.
Voilier emballeur; celui qui, au débarquement,
  ouvre les balles on sacs de marchandises, les
  répare ou en confectionne de neufs, ou qui
  fournit des tentes ou des bâches pour abriter
  les marchandises déposées sur les quais.
Voitures à bras pour enfants ou pour malades
  (Fabricant ou marchand de).
Voiturier ou roulier, ayant plusieurs équipages.
Zinc doré, bronzé ou galvanisé (Fabricant ou
  marchand d'objets en).

6e CLASSE.
**DROIT PROPORTIONNEL AU 30e, SAUF
LES EXCEPTIONS.**

Abeilles (Marchand d').
Affiches (Entrepreneur de la pose et de la conservation des).

Agaric (Marchand d').

Agent dramatique.

Aiguilles, clefs et autres petits objets pour montres ou pendules (Fabricant d') pour son compte.

Allumettes chimiques (Marchand d') en détail.

Amidon (Marchand d') en détail.

Anatomie (Fabricant de pièces d').

Anatomie (Tenant un cabinet d').

Anes (Marchand d').

Annonces et avis divers (Entrepreneur d'insertions d').

Appréciateur de denrées, de marchandises ou d'objets d'art.

Apprêteur de peaux.

Apprêteur de plumes, laines, duvet et autres objets de literie.

Ardoises (Marchand d') en détail; celui qui vend par quantités n'excédant pas mille ardoises.

Arrimeur.

Artificier.

Assortisseur, marchand de petits coupons d'étoffes.

Baies de genièvre (Marchand de).

Bains de rivière en pleine eau, bains de mer ou à la lame (Entrepreneur de).

Balancier (Fabricant), pour son compte.

Balançons (Marchand de).

Bandagiste.

Bardeaux (Marchand de).

Baromètres (Fabricant ou marchand de).

Barques, bateaux ou canots (Constructeur de).

Bascule (Maître de).

Bateaux à laver (Exploitant de).

Batteur d'or et d'argent.

Baudruche (Apprêteur de).

Bazar d'articles de ménage, de bimbeloterie, etc. (Tenant un).

Betteraves (Entrepreneur du déchargement et de l'ensilage des) pour la fabrication du sucre.

Beurre frais ou salé (Marchand de) en détail.

Biberons (Fabricant de), pour son compte.

Bière ou cidre (Marchand de) en détail.

Bijoutier en faux (Fabricant) pour son compte.

Billards (Fabricant de) sans magasin.

Bisette (Fabricant ou marchand de).

Blanc de craie (Marchand de).

Blanchisseur de linge ayant un établissement de buanderie.

Blatier avec bêtes de somme.

Bluteaux ou blutoirs (Fabricant ou marchand de).

Bois merrains (Marchand de) en détail.

Boiseries (Marchand de vieilles).

Boisselier (Marchand) en détail.

Bombagiste.

Bombeur de verres.

Bossetier.

Bottier ou cordonnier tenant magasin de chaussures communes sans assortiment.

Bottier ou cordonnier travaillant sur commande.

Boucher en petit bétail, ne vendant que veau, mouton, agneau, chevreau.

Bouchons (Fabricant de) par procédés ordinaires.

Bouchons (Marchand de) en détail.

Bouilleur ou brûleur d'eau-de-vie.

Bouillon et bœuf cuit (Marchand de).

Boulanger ne fabricant que du pain bis ou de qualité inférieure.

Bourrelier.

Boyaudier.

Brasseur à façon.

Bretelles ou jarretières (Fabricant de) par procédés non mécaniques.

Bretelles ou jarretières (Marchand de).

Briques (Marchand de).

Briquets phosphoriques et autres (Fabricant de).

Brocanteur d'habits en boutique.

Brossier (Fabricant) pour son compte.

Brossier (Marchand).

Buffletier (Marchand).

Buis ou racines de buis (Marchand de).

Bureau (Marchand de menues fournitures de).

Bustes et figures en plâtre ou en terre (Mouleur ou marchand de).

Cabaretier.

Cabinet de lecture (Tenant un) où l'on donne à lire les journaux et les nouveautés littéraires.

Cabinets d'aisances publics (Tenant).

Cadrans de montres et de pendules (Fabricant de) pour son compte.

Cadres pour glaces et tableaux (Marchand de).

Café-crèmerie ou restaurant-crèmerie (Tenant un).

Café en grains, moulu, torréfié ou de chicorée (Marchand de) en détail.

Cafetières, bouillottes, marabouts (Fabricant ou marchand de).

Caisses de tambour (Facteur de).

Calfat, radoubeur de navires.

Cannelles et robinets en cuivre (Fabricant de) pour son compte.

Cannes (Marchand de) en boutique.

Cantinier dans les prisons, hospices et autres établissements publics.

Caparaçonnier, pour son compte.

Capsules métalliques (Fabricant de) pour boucher les bouteilles.

Cardes (Fabricant de) par les procédés ordinaires, pour son compte.

Carreaux à carreler (Marchand de).

Carrés de montres (Fabricant de) pour son compte.

Cartes de géographie (Marchand de).

Cartes à jouer (Marchand de).

Cartons pour bureaux et autres (Fabricant de) pour son compte.

Carton en feuilles de papier collées (Fabricant de).

Carton en pâte ou en feuilles (Marchand de).

Casquettes, toques, bonnets carrés et autres (Fabricant ou marchand de).

Cendres (Laveur de).

Cercles ou cerceaux (Marchand de).

Chaînes de fil, laine ou coton, préparées pour la fabrication des tissus (Marchand de).

Chaises fines (Marchand ou fabricant de).

Chambres ou appartements meublés (Loueur de).

Chamoiseur, pour son compte.

Chandeliers en fer ou en cuivre (Fabricant de) pour son compte.

Chandelles (Marchand de) en détail.

Chapelier en grosse chapellerie.

Charcutier revendeur.

Chargement et déchargement des navires, des bateaux ou des voitures de chemins de fer (Entrepreneur de).

Charpentier.

Charron.

Châsses de lunettes (Fabricant de) pour son compte.

Chaussons autres qu'en lisière, ou sandales (Fabricant de).

Chaux (Marchand de).

Chef de ponts et pertuis.

Cheminées dites économiques (Marchand ou Fabricant de).

Chocolat (Fabricant de) à la main.

Cimentier (Marchand); celui qui vend des mastics

et ciments qu'il n'a point fabriqués, ou qu'il a fabriqués par des procédés ne donnant pas lieu à l'application des droits déterminés au tableau des professions imposées sans égard à la population.

Ciseleur.

Clinquant (Fabricant de) pour son compte.

Coffretier-malletier en bois.

Coiffeur.

Cols, collets, cravates ou rabats (Fabricant de) pour son compte.

Cols, collets, cravates ou rabats (Marchand de) en détail.

Combustibles (Marchand de) en détail.

Commissionnaire porteur pour les fabricants de tissus.

Commissionnaire accrédité près de la douane; celui qui, avec l'autorisation de l'administration, assiste, pour le compte et aux frais des voyageurs, à la vérification de leurs effets dans les bureaux des douanes.

Commissionnaire expéditeur de charbons.

Coquetier avec voiture.

Cordes harmoniques (Fabricant de) pour son compte.

Cordes métalliques (Fabricant de) pour son compte.

Cordier (Marchand).

Corne (Apprêteur de) pour son compte.

Corne (Fabricant de feuilles transparentes de) pour son compte.

Corsets (Fabricant ou marchand de) vendant en détail.

Cosmorama (Directeur de).

Costumier.

Coupeur de poils par procédés ordinaires, pour son compte.

Courtier-gourmet-piqueur de boissons.

Courtier en essences: celui qui s'entremet pour la vente des essences entre le distillateur et le fabricant parfumeur.

Courtier en soie.

Courtier de produits alimentaires ou agricoles; celui qui s'entremet entre le producteur et le marchand ou le fabricant pour la vente d'une seule nature de produits.

Couverts et autres objets en fer battu ou étamé (Marchand de) en détail.

Couvreur (Maître).

Crayons (Marchand de).

Crépins (Marchand de).

Crinières (Fabricant de) pour son compte.

Crins plats (Marchand de).

Cuir bouilli et verni (Fabricant ou marchand d'objets en).

Cuirs ou pierres à rasoirs (Fabricant ou marchand de).

Cuivre de navire (Marchand de vieux).

Dalles (Marchand de).

Damasquineur.

Découpoirs (Fabricant de) pour son compte.

Déménagements (Entrepreneur de), s'il n'a qu'une seule voiture.

Dentiste non pourvu du diplôme de docteur en médecine, de chirurgien ou d'officier de santé.

Dépeceur de voitures.

Dessinateur, modeleur ou sculpteur pour fabrique.

Dessinateur de parcs et jardins.

Diamants pour vitrier ou miroitier (Monteur de) pour son compte.

Doreur, argenteur et applicateur d'autres métaux que l'or et l'argent, n'employant pas les procédés galvaniques.

Doreur sur bois.

Drainage (Entrepreneur de).

Drêche ou marc de l'orge qui a servi à faire la bière (Marchand de).

Ebéniste (Fabricant) pour son compte, sans magasin.

Ecorcheur ou équarrisseur d'animaux ayant abattoir ou clos d'équarrissage.

Ecrans (Fabricant d'), pour son compte.

Emailleur pour son compte.

Emballeur non layetier.

Encre à écrire (Fabricant ou marchand d') vendant en détail.

Enduit contre l'oxydation (Applicateur d').

Engrais ou amendements (Marchand d') en détail.

Enjoliveur (Marchand).

Enlaceur de cartons; celui qui lie, en observant un ordre déterminé, les cartons de lisage employés dans la fabrication des étoffes façonnées.

Epingles (Fabricant d') par les procédés ordinaires.

Essayeur de soie.

Estampes et gravures (Marchand d').

Etameur de glaces.

Eventailliste (Marchand fabricant) ayant boutique ou magasin.

Expert pour le partage et l'estimation des propriétés.

Facteur de fabrique; celui qui, avec les matières premières fournies par les fabricants ou les marchands, se charge de faire confectionner les objets de leur fabrication ou de leur commerce et en garantit la bonne exécution.

Fagots et bourrées (Marchand de) vendant par voiture.

Faïence (Marchand de) en détail.

Farines (Marchand de) en détail.

Fécules (Marchand de) en détail.

Ferblantier.

Feuillages ou fruits artificiels (Marchand de).

Feuilles de cuivre imitant l'or battu (Marchand de).

Feutre (Fabricant ou marchand de) pour la papetrie, le doublage des navires, plateaux vernis, etc.

Filigraniste.

Filasse de nerfs (Fabricant de) pour son compte.

Filets pour la pêche, la chasse, etc. (Fabricant de).

Fileur (Entrepreneur).

Filotier.

Fleuriste ou feuillagiste (Fabricant) sans boutique ni magasin; celui qui, n'ayant ni boutique ni magasin, monte les fleurs ou feuillages et les vend, prêts à être employés, soit aux marchands, soit aux modistes.

Fleurs artificielles (Marchand d'apprêts et papier pour).

Fleurs d'oranger (Marchand de).

Fleurs naturelles et plantes d'ornement (Marchand de), en boutique.

Fondeur d'étain, de plomb ou fonte de chasse.

Fontaines à filtrer (Fabricant ou marchand de).

Force motrice (Loueur de); celui qui, possesseur de bâtiments et de moteurs qu'il n'emploie pas pour son propre compte, les loue à divers industriels auxquels il s'engage à fournir une force motrice déterminée.

Forgeron; celui qui se borne à faire ou à réparer les instruments et outils aratoires.

Formaire pour la fabrication du papier, pour son compte

Fouleur de bas et autres articles de bonnete-
rie.
Fouleur de feutre pour les chapeliers.
Fourbisseur (Marchand).
Fournaliste.
Fourneaux potagers (Fabricant ou marchand de).
Fourrage (Débitant de) à la botte ou en petite
partie au poids.
Fripier.
Fromages de pâte grasse (Marchand ou fabricant
de), vendant en détail.
Fromages secs (Marchand de) en détail.
Fruitier oranger.
Fruits ou légumes (Marchand de) vendant par
panier.
Fruits secs (Marchand de) en détail.
Fruits secs pour boisson (Marchand de).
Fumiste.
Garde-robes inodores (Fabricant ou marchand de).
Gibernes (Fabricant de) pour son compte.
Glace, eau congelée (Marchand ou fabricant de).
Globes terrestres et célestes (Fabricant ou mar-
chand de).
Gommeur d'étoffes.
Graine de moutarde blanche (Marchand de).
Grains et graines (Marchand de) en détail.
Graine de vers à soie (Marchand de) en dé-
tail.
Grainetier-fleuriste en détail.
Graveur sur métaux fabricant les timbres secs
et gravant sur bijoux.
Grue (Maître de).
Harpes (Facteur de) n'ayant ni boutique, ni
magasin.
Herboriste-droguiste.
Histoire naturelle (Marchand d'objets d').
Horloger rhabilleur (Marchand).
Horlogerie (Fabricant de pièces d') pour son
compte.
Images (Fabricant ou marchand d').
Imprimeur lithographe non éditeur.
Infirmerie d'animaux (Tenant une).
Instruments aratoires (Fabricant ou mar-
chand d').
Instruments de chirurgie en gomme élastique
(Fabricant d').
Instruments de chirurgie en métal (Fabricant
d') pour son compte, sans magasin.
Instruments de musique en cuivre (Facteur pour
son compte ou marchand de pièces d').
Instruments pour les sciences (Facteur d'), sans
boutique ni magasin.
Ivoire (Fabricant d'objets en) pour son compte.
Jais ou jayet (Fabricant ou marchand d'objets
en).
Jeux et amusements publics, tels que jeux de
quilles ou de mail, manège à chevaux de bois,
billard anglais, etc. (Maître de).
Kaolin, pétunzé, manganèse (Marchand de).
Lamineur n'employant que des laminoirs mus à
bras d'homme.
Lanternier.
Lattes (Marchand de) en détail.
Lavoir public (Tenant un).
Layetier.
Levure ou levain (Marchand de).
Lin ou chanvre brut (Marchand de) en détail.
Lin ou chanvre (Fabricant de); celui qui, après
avoir roui et battu le lin ou le chanvre, le
vend par bottes.
Linge de table et de ménage, objets d'ameu-
blement ou de literie (Loueur de).
Linger (Marchand ou fabricant) vendant en dé-
tail.

Liseur de dessins ; celui qui fait les dispositions
nécessaires pour reproduire, dans les tissus,
les dessins donnés par les fabricants.
Lithochrome (Imprimeur).
Lithochromies (Marchand de).
Lithographies (Marchand de).
Lithophanies (Fabricant ou marchand de).
Loueur de tableaux et dessins.
Lunetier (Fabricant).
Lustreur de fourrures.
Maçon (Maître).
Maillechort et autres compositions métalliques
(Marchand d'objets en) en détail.
Marbre factice (Fabricant ou marchand d'objets
en).
Marbrier.
Maréchal ferrant.
Masques (Fabricant ou marchand de).
Matériaux (Marchand de vieux).
Mèches (Marchand de).
Menuisier.
Mercerie (Marchand de menue).
Metteur en œuvre pour son compte.
Meubles et outils d'occasion (Marchand de).
Moireur d'étoffes pour son compte.
Monteur de métiers.
Mosaïques (Marchand de).
Mulquinier; celui qui prépare le fil pour les
chaînes servant à la fabrication des tissus.
Nécessaires (Fabricant de) pour son compte.
Nettoyage des devantures (Entrepreneur de).
Nourrisseur de vaches ou de chèvres pour le
commerce du lait.
Oranges ou citrons (Marchand d') en boutique
et en détail
Os (Fabricant d'objets en) pour son compte.
Outres (Fabricant d') pour son compte.
Outres (Marchand d').
Paille (Fabricant de tissus pour chapeaux de)
pour son compte.
Paillettes et paillons (Fabricant de) pour son
compte.
Pains à cacheter et à chanter (Fabricant ou
marchand de).
Pain d'épices (Marchand ou fabricant de) ven-
dant en détail et en boutique.
Pantoufles (Marchand de), en détail.
Papiers de fantaisie, papiers déchiquetés, papier
végétal (Fabricant pour son compte ou mar-
chand de).
Papiers pour emballage et pour sacs (Marchand
de).
Parapluies (Fabricant ou marchand de).
Parcheminier, pour son compte.
Parqueteur (Menuisier).
Pâtes alimentaires (Marchand de) en détail.
Paveur.
Peaux de lièvre et de lapin (Marchand de), en
boutique.
Peignes à sérancer (Fabricant de) pour son
compte.
Peignes d'écaille, d'ivoire, de corne, de buis,
etc. (Fabricant de) pour son compte.
Peignes (Marchand de) en détail.
Peintre en bâtiments, non entrepreneur.
Pension bourgeoise (Tenant).
Pension particulière de vieillards (Tenant).
Perles fausses (Fabricant de) pour son compte.
Peseur, mesureur ou jaugeur.
Photographe travaillant seul.
Pierres à brunir (Fabricant ou marchand de).
Pierres bleues (Marchand de) pour le blanchis-
sage du linge.
Pierres brutes ou taillées (Marchand de).

Pierres fausses (Fabricant de).
Pinceaux (Fabricant de) pour son compte.
Pipes assorties (Marchand de).
Piqueur de cartons; celui qui prépare les cartons destinés à reproduire dans les tissus les dessins donnés par les fabricants.
Plafonneur ou plâtrier.
Plants, arbres ou arbustes (Marchand de); celui qui ne se borne pas à vendre des plants, arbres ou arbustes provenant des terrains par lui cultivés.
Plâtre (Marchand de).
Plomb et fonte de chasse (Fabricant ou marchand de).
Plumes à écrire, plumes d'oie, de cygne, de corbeau (Marchand de), en détail.
Plumes métalliques (Marchand de) en détail.
Poêlier en faïence, fonte, etc.
Polisseur d'objets en or, argent, cuivre, acier, écaille, os, corne, etc.
Ponton-débarcadère (Exploitant de).
Portefeuilles ou autres objets de menue maroquinerie (Fabricant de) pour son compte.
Portefeuilles ou autres objets de menue maroquinerie (Marchand de).
Potier d'étain.
Poudre d'or, de bronze et autres métaux (Fabriquant ou marchand de).
Poulieur (Fabricant).
Queues de billard (Fabricant de) pour son compte.
Ramonage (Entrepreneur de).
Rampiste (Menuisier).
Ressorts de bandage pour les hernies (Fabricant de) pour son compte.
Ressorts de montres et de pendules (Fabricant de) pour son compte.
Sabots ou galoches garnis (Fabricant ou marchand de) : celui qui fabrique ou vend des galoches ou des sabots élégants garnis en cuir verni, en velours, en drap, etc.
Sacs de toile (Fabricant ou marchand de).
Salpêtrier.
Sarreaux ou blouses (Marchand ou fabricant de) vendant au détail.
Sculpteur en bois, pour son compte.
Sécheur de garance; celui qui fait sécher la garance récoltée par les propriétaires qui n'ont pas les appareils nécessaires pour la faire sécher eux-mêmes.
Sécheur de grains, de graines, de cafés, etc.
Sécheur de houblon : celui qui fait sécher, par des procédés artificiels et moyennant rétribution, le houblon récolté par les propriétaires.
Son, recoupe et remoulage (Marchand de).
Sparterie (Fabricant ou marchand d'objets en).
Sphères (Fabricant de).
Stores (Fabricant ou marchand de).
Stucateur.
Sumac (Marchand de).
Tabac ou cigares, dans le département de la Corse (Marchand ou fabricant de), vendant en détail.
Table d'hôte (Tenant une).
Tabletier (Marchand).
Tabletterie (Fabricant d'objets en) pour son compte.
Tambours, grosses caisses, tambourins (Fabricant de).
Tamisier (Fabricant ou marchand).
Tan (Marchand de)
Tapissier à façon.
Tartrier.

Teinturier dégraissseur pour les particuliers n'employant pas de machine à vapeur.
Terrassier (Maître).
Tiges, empeignes ou brides de chaussures (Fabricant de), travaillant sur commande.
Tireur d'or ou d'argent, par procédés non mécaniques.
Tissus grossiers et communs (Marchand de) sans assortiment.
Tôlier, pour son compte.
Tonneaux (Marchand de).
Tonnelier (Maître).
Tourneur sur métaux.
Tourneur en marbre ou en pierre.
Tours et autres ouvrages pour la coiffure, en cheveux, soie, etc. (Fabricant ou marchand de).
Tourteaux (Marchand de) en détail; celui qui vend habituellement par quantités inférieures à 1,000 kilogrammes.
Tréfileur par les procédés ordinaires
Troupes de passage (Entrepreneur du logement des).
Truffes (Marchand de) en détail.
Tuiles (Marchand de).
Vannerie (Marchand de) en détail.
Vannier, fabricant de vannerie fine.
Vérificateur de bâtiments.
Vernisseur sur cuir, feutre, carton ou métaux, pour son compte.
Verres à vitre (Marchand de) en détail.
Verres bombés (Marchand de).
Verroterie et gobeleterie (Marchand de) en détail.
Vignettes et caractères à jour (Marchand de) pour son compte.
Vignettes et caractères à jour (Marchand en boutique de).
Vins (Eprouveur de); celui qui détermine le degré et la quantité de l'alcool existant dans les vins.
Vin (Marchand de) en détail, donnant à boire chez lui et ne tenant pas de billard.
Vis ou tire-bouchons (Fabricant de) par procédés ordinaires, pour son compte.
Vitraux (Faiseur ou ajusteur de), pour son compte.
Vitrier en boutique.
Voilier à façon.
Volaille ou gibier (Marchand de).
Yeux artificiels (Fabricant d').

7e CLASSE.

DROIT PROPORTIONNEL AU 50°, DANS LES COMMUNES AU-DESSUS DE 20,000 AMES.

Nota. — Les patentables vendant en ambulance, en étalage ou sous échoppe, seront dans tous les cas exempts du droit proportionnel.

Accordeur de pianos, harpes et autres instruments.
Acheveur en métaux.
Acier poli (Fabricant d'objets en) à façon.
Alambic (Loueur d'); celui qui loue les ustensiles nécessaires pour la fabrication de l'eau-de-vie.
Albâtre (Fabricant d'objets en) à façon.
Alevin (Marchand d').
Allèges (Maître d').
Anes (Loueur d').
Apprêteur de barbes ou fanons de baleine.
Apprêteur de bas ou autres objets de bonneterie pour les particuliers.
Archets (Fabricant d').

Arçons (Fabricant ou ferreur d').
Armurier rhabilleur.
Armurier à façon.
Arpenteur.
Attelles pour colliers de bêtes de trait (Fabricant ou marchand d').
Avironnier.
Badigeonneur.
Balancier (Fabricant) à façon.
Ballons pour lampes (Fabricant de) pour son compte.
Bandagiste à façon.
Bardeaux (Fabricant de) pour son compte.
Bâtier.
Battoirs de paume (Fabricant de).
Baugeur.
Biberons (Fabricant de) à façon.
Bijoutier à façon.
Bijoutier en faux (Fabricant) à façon.
Bimbeloterie (Fabricant d'objets de), sans boutique ni magasin.
Bimbeloterie commune (Marchand de) en détail.
Blanchisseur de chapeaux de paille.
Blanchisseur de fin.
Blanchisseur sur pré.
Boisselier (Fabricant) pour son compte.
Boîtes et bijoux à musique (Fabricant de mécaniques pour) à façon.
Bonbons et confiseries (Revendeur de).
Bottes remontées (Marchand de).
Boules vulnéraires, dites d'acier ou de Nancy (Fabricant de).
Bouquetière (Marchande) en boutique.
Bouquiniste.
Bourre ou déchets de tannerie (Marchand de).
Bourrelets d'enfants (Fabricant ou marchand de).
Boutons de soie (Fabricant de) pour son compte.
Briquets phosphoriques et autres (Marchand de).
Brocanteur dans les ventes, sans boutique ni magasin.
Broches pour la filature (Rechargeur de).
Broderies (Blanchisseur et apprêteur de).
Broderies (Dessinateur-imprimeur de).
Broderies (Fabricant de) à façon.
Bronze (Metteur en); celui qui met en couleur de bronze des pendules, candélabres et autres objets en métaux.
Brunisseur.
Buanderie (Loueur d'établissement de); celui qui loue à tout venant un établissement de buanderie, muni de ses ustensiles et appareils.
Buffletier (Fabricant), pour son compte.
Bureau de placement (Tenant un).
Bustes en cire pour les coiffeurs (Fabricant de).
Cabinet de figures en cire (Tenant un).
Cabinet de lecture où l'on donne à lire les journaux seulement (Tenant un).
Cabinet particulier de tableaux, d'objets d'histoire naturelle ou d'antiquités (Tenant un).
Calandreur de vieilles étoffes ou de chapeaux de paille.
Cambreur de tiges de bottes.
Camées faux ou moulés (Fabricant de).
Cannelles et robinets en cuivre (Fabricant de) à façon.
Cannes (Fabricant de), pour son compte.
　annetille (Fabricant de).
Canots (Loueur de).
Caractères d'imprimerie (Graveur en).

Caractères mobiles en bois ou en terre cuite (Fabricant ou marchand de).
Carcasses ou montures de parapluies (Fabricant de), pour son compte.
Cardeur de laine, de coton, de bourre de soie filoselle, etc.
Carreleur.
Carrioles (Loueur de).
Carton en feuilles de papier collées (Fabricant de) à façon.
Ceinturons, visières et menus objets en cuir (Fabricant de) pour son compte.
Cendres ordinaires (Marchand de).
Chapelets (Fabricant ou marchand de),
Chapelier à façon.
Charbonnier cuiseur; celui qui, pour le compte des exploitants, entreprend de transformer le bois en charbon.
Charnières en fer, cuivre ou fer-blanc (Fabricant de) par procédés ordinaires, pour son compte.
Charpentier à façon, travaillant à la journée pour des maîtres ou pour des particuliers qui lui fournissent la matière.
Charron à façon, travaillant à la journée pour des maîtres ou pour des particuliers qui lui fournissent la matière.
Chasubles ou autres ornements d'église (Fabricant de) à façon.
Chaudronnier rhabilleur.
Chaussons de lisière et autres, ou sandales (Marchand de) en détail.
Chenilles en soie (Fabricant de), pour son compte.
Chevaux (Courtier de).
Chèvres et chevreaux (Marchand de).
Chiffonnier en détail; celui qui vend habituellement par quantités inférieures à 1,000 kilogrammes.
Chineur.
Cirage ou encaustique (Marchand ou fabricant de), par procédés ordinaires.
Cloutier au marteau, pour son compte.
Coiffes de femmes (Faiseuse et marchande de).
Colle de pâte, de peau, de graisse, de gélatine (Fabricant ou marchand de).
Colleur de chaînes pour fabrication de tissus.
Colliers de chiens (Fabricant ou marchand de).
Confiseur en chambre.
Coquetier avec bêtes de somme.
Cordes harmoniques (Fabricant de) à façon.
Cordes métalliques (Fabricant de) à façon.
Cordier, fabricant de menus cordages, tels que cordes, ficelles, longes, traits, etc.
Cordons, lacets, tresses, ganses en fil, soie, laine, coton, etc. (Fabricant de), pour son compte.
Corroyeur à façon.
Cosmétiques et pommades au petit détail (Marchand de).
Coton cardé ou gommé (Marchand de).
Coupeur de poils par procédés ordinaires, à façon.
Courroies (Apprêteur de), pour son compte.
Courtier de bestiaux.
Courtier de mouture; celui qui se charge de faire moudre le grain des particuliers dans les moulins exploités par d'autres.
Courtier en grains; celui qui s'entremet, pour la vente des grains, entre les cultivateurs et les marchands ou les boulangers.
Coutelier à façon.
Couturière en corsets, en robes ou en linge, à façon.

Couvreur en paille ou en chaume.
Couvreur à façon.
Crémier ou laitier.
Crépin en buis (Fabricant d'articles de), pour son compte.
Criblier.
Cristaux (Tailleur de).
Crochets pour les fabriques d'étoffes (Fabricant de), pour son compte.
Cuivre vieux (Marchand de).
Débardeur d'étoffes : celui qui, opérant à la main, fait disparaître avec un pinceau les défauts de teinture existant dans les étoffes.
Déchets de laine, de coton ou de lin (Marchand de) en détail; celui qui vend habituellement par quantités inférieures à 500 kilogrammes.
Découpeur en marqueterie.
Décrueur de fil.
Dégraisseur.
Dégras (Marchand ou fabricant de) vendant en détail.
Denteleur de scies.
Dentelles (Fabricant de) à façon, n'employant pas de métiers.
Dents et râteliers artificiels (Fabricant de) à façon.
Dépolisseur de verres.
Diamants pour vitriers et miroitiers (Monteur de) à façon.
Doreur sur tranches, sur cuir, sur papier.
Drogues (Pileur de).
Ebéniste (Fabricant) à façon.
Ecailles d'ables ou ablettes (Marchand d').
Echalas (Marchand d').
Echelles, fourches, râteaux et râteliers (Fabricant ou marchand d').
Ecorcheur ou équarrisseur d'animaux.
Ecritures (Entrepreneur d'); celui qui se charge de faire exécuter chez lui ou au dehors les copies de toutes sortes d'écrits, de plans, de dessins, etc.
Emailleur à façon.
Embouchoirs (Faiseur d').
Enjoliveur (Fabricant) pour son compte.
Epicier regrattier; celui qui ne vend qu'au petit poids et à la petite mesure quelques articles d'épiceries, et joint à ce commerce la vente de quelques autres objets, comme poterie de terre, charbon en détail, bois à la falourde, etc.
Epinglier-grillageur.
Equarrisseur de bois.
Equipeur-monteur.
Escargots (Marchand d').
Essence d'Orient (Fabricant d').
Estampeur ou repousseur en métaux autres que l'or et l'argent.
Etoffes (Crêpeur d'); celui qui, après le tissage, crêpe les étoffes pour en faire ressortir le duvet.
Etrilles (Fabricant d') à façon.
Eventailliste (Fabricant) pour son compte.
Expert visiteur de navires.
Fendeur de brins de baleine ou de jonc.
Fendeur en bois.
Ferblantier en chambre.
Ferrailleur; celui qui vend de vieux objets en fer.
Filets, gants, mitaines, résilles ou autres ouvrages à mailles (Marchand ou fabricant de), vendant en détail.
Finisseur en horlogerie.
Fleuriste ou feuillagiste à la botte (Fabricant); celui qui prépare une ou plusieurs parties constitutives de la fleur, telles que boutons, pétales,

etc., et les vend par paquets ou bottes aux fleuristes monteurs.
Fleurs, feuillages ou fruits artificiels (Fabricant de) à façon.
Fontaines en grès, à sable (Marchand de).
Forces (Fabricant de) à façon.
Forets (Fabricant de).
Forgeron de petites pièces à façon.
Formier.
Fouets, cravaches (Fabricant ou marchand de) pour son compte.
Fournier ou cuiseur : celui qui fait cuire le pain, la viande ou autres aliments.
Fourreaux pour sabres, épées, baïonnettes (Fabricant de), pour son compte.
Fourreur à façon.
Frangier pour son compte.
Fretin (Marchand de).
Friseur de draps et autres étoffes de laine.
Friteur ou friturier en boutique.
Fruitier.
Gabare (Maître de) ou gabarier.
Gainier (Fabricant) pour son compte.
Galettes, gauffres, brioches et gâteaux (Marchand de), en boutique.
Galochier.
Galonnier (Fabricant), pour son compte.
Gantier dresseur; celui qui examine la couture et la qualité des gants reçus de fabrique, les lustre et leur donne le dernier apprêt.
Gargotier.
Gauffreur d'étoffes, de rubans, etc.
Gaules ou perches (Marchand de).
Graines fourragères, oléagineuses et autres (Marchand de) en détail.
Grainier ou grainetier.
Gravatier.
Graveur en caractères d'imprimerie.
Graveur sur métaux, se bornant à graver des cachets ou des planches pour factures et autres objets dits de ville.
Guêtrier.
Guillocheur.
Guimpier.
Hameçons (Fabricant d').
Herboriste ne vendant que les plantes médicinales fraîches ou sèches.
Hongreur.
Horloger repasseur,
Horloger rhabilleur, non marchand.
Horlogerie (Fabricant de pièces d') à façon.
Horloges en bois (Fabricant ou marchand d').
Huîtres (Marchand d') pour la consommation locale.
Imprimeur en taille-douce pour objets dits de ville.
Imprimeur sur porcelaine, faïence, verre, cristal, émail, etc.
Instruments de musique en cuivre (Facteur de pièces d') à façon.
Ivoire (Fabricant d'objets en) à façon.
Joaillier (Fabricant) à façon.
Lait d'ânesse (Marchand de).
Layettes d'enfant (Marchand de).
Légumes secs (Marchand de) en détail.
Librairie (Agent de).
Lie de vin (Marchand de).
Liens de paille, d'écorce, etc. (Fabricant ou marchand de).
Linge (Marchand de vieux).
Liqueurs et eaux-de-vie (Débitant de).
Logeur.
Logeur de bestiaux, de chevaux et autres bêtes de somme.

Loueur de livres.
Loueur de bêtes de trait pour le halage ou pour le renfort aux voituriers sur les routes de terre.
Lunettes (Fabricant de verres de).
Luthier (Fabricant) à façon.
Luthier rhabilleur, non marchand.
Maçon à façon.
Marbreur sur tranches.
Marbrier à façon.
Maroquinier à façon.
Mécanicien à façon, travaillant pour des maîtres ou pour des particuliers qui lui fournissent la matière.
Mégissier à façon.
Menuisier à façon, travaillant pour des maîtres ou pour des particuliers qui lui fournissent la matière.
Mesures linéaires, règles et équerres (Fabricant de), pour son compte.
Métreur de bâtiments, de bois, de pierres.
Metteur en œuvre à façon.
Monteur en bronze.
Monteur de boîtes de montres à façon.
Moulures (Fabricant de) à façon.
Moutardier (Marchand) en détail.
Muletier.
Nacre de perle (Fabricant d'objets en) à façon.
Naturaliste préparateur.
Navetier (Fabricant).
Noir de fumée ou noir animal (Marchand de).
Oignons (Cuiseur ou grilleur d').
Oiselier.
Orfèvre (Fabricant) à façon.
Orgues portatives ou harmoniums (Fabricant d') à façon.
Ouate (Marchand ou fabricant d') par procédés non mécaniques.
Outils, instruments et harnais à l'usage des ouvriers tisseurs (Marchand d').
Outres (Fabricant d') à façon.
Ovaliste.
Paille (Fabricant de tissus pour chapeaux de) à façon.
Paille (Fabricant de tresses, cordonnets, etc., en).
Paille ou mousse teinte (Fabricant ou marchand de).
Paille coupée pour chaises (Marchand de)
Pain (Revendeur de) en boutique.
Pantoufles (Fabricant de) pour son compte.
Papiers de fantaisie, papiers déchiquetés, papier végétal (Fabricant de) à façon.
Papiers imprimés et vieux papiers (Marchand de)
Passementier (Fabricant) pour son compte, lorsqu'il fabrique des articles dont la confection n'exige point l'emploi de métiers. Le passementier qui emploie des métiers est imposable en raison de leur nombre, suivant les règles inscrites au tableau C.
Pastilleur; celui qui fabrique des pastilles ou fait en pâte sucrée des petites figures, des fleurs et autres objets.
Patachier.
Pédicure.
Peigneur de chanvre, de lin ou de laine.
Peigneur ou gratteur de toiles de coton.
Peintre en armoiries, attributs et décors.
Peintre ou doreur, soit sur verre ou cristal, soit sur porcelaine, etc., pour son compte.
Perruquier.
Pierres de touche (Marchand de).
Piquonnier.
Plafonneur ou plâtrier à façon.
Planches ou ifs à bouteilles (Fabricant de).
Planeur en métaux.

Plaqueur à façon.
Plumeaux (Fabricant pour son compte ou marchand de).
Poires à poudre (Fabricant de) pour son compte.
Poisson (Marchand de) en détail.
Pompes de bois et pièces pour la conduite des eaux (Fabricant de).
Poterie de terre (Marchand de).
Presseur d'étoffes pour les teinturiers et les dégraisseurs.
Présurier.
Queues de billard (Fabricant de) à façon.
Raquettes ou volants (Fabricant de) pour son compte.
Raseur de velours.
Registres (Fabricant de) à façon.
Relieur de livres.
Rentrayeur ou conservateur de tapis, de couvertures de laine et de coton.
Repasseuse de linge.
Ressorts de bandages pour les hernies (Fabricant de) à façon.
Ressorts de montres et de pendules (Fabricant de) à façon.
Revendeur à la toilette.
Roseaux (Marchand de).
Roseaux préparés pour le tissage (Marchand de).
Rouettes ou harts pour lier les trains de bois (Marchand de).
Routoir ou fosse à rouir le lin ou le chanvre (Exploitant de).
Ruches pour les abeilles (Fabricant de) pour son compte.
Sacs de toile (Loueur de).
Sangsues (Marchand de) en détail.
Scieur de long.
Sculpteur en bois à façon.
Seaux ou baquets en sapin (Fabricant de) pour son compte.
Sécheur de morues, sans établissement de sécherie.
Séchoir à linge (Exploitant un).
Sel (Marchand de) en détail.
Sellier à façon.
Semelles mobiles de paille, de liège, de feutre, etc., fourrées ou non fourrées, pour l'intérieur des chaussures (Fabricant de) pour son compte.
Serrurier à façon travaillant pour des maîtres qui lui fournissent la matière.
Sertisseur ou monteur à façon; celui qui monte des pierres fines ou fausses.
Socques en bois (Fabricant ou marchand de).
Soufflets ordinaires (Fabricant ou marchand de).
Tableaux (Restaurateur de).
Tabletterie (Fabricant d'objets en) à façon.
Tailleur d'habits à façon.
Tailleur de pierres.
Tapisseries à la main (Fabricant de).
Teinturerie (Loueur d'établissement de); celui qui loue, à tout venant, un établissement de teinturerie muni de ses ustensiles et appareils.
Toiles grasses pour emballage (Fabricant de).
Toiles métalliques (Fabricant de) à façon.
Tondeur ou presseur de draps et autres étoffes de laine.
Tonneaux (Marchand de vieux).
Tonnelier à façon; celui qui travaille pour les marchands, les fabricants ou les particuliers qui lui fournissent la matière.
Torcher.
Tour (Marchand en détail d'objets en bois faits au).
Tourneur en bois (Fabricant) en boutique.
Treillageur.

Tripier, cuiseur ou échaudeur d'abats, abatis et issues.

Tubes en papier, en zinc, etc., pour filatures (Fabricant de), par procédés ordinaires.

Ustensiles de ménage (Marchand de vieux).

Vaisselle ou ustensiles de bois (Fabricant ou marchand de).

Vernisseur sur cuir, feutre, carton ou métaux, à façon.

Vin, bière, cidre (Débitant au petit détail de); celui qui vend au pot ou à la bouteille et ne donne pas à boire chez lui.

Vitraux (Faiseur ou ajusteur de) à façon.

Voitures de remise (Maître de station de); celui qui loue des emplacements où, moyennant une rétribution, des voitures de remise peuvent stationner.

8e CLASSE.

DROIT PROPORTIONNEL AU 50e, DANS LES COMMUNES AU-DESSUS DE 20,000 AMES.

Nota. — Les patentables vendant en ambulance en étalage ou sous échoppe, seront, dans tous les cas, exempts du droit proportionnel.

Accoutreur.

Affiloirs (Marchand d').

Agglomérés, charbon artificiel ou briques combustibles (Marchand d').

Agrafes (Fabricant d') par les procédés ordinaires, à façon.

Aiguilles, clefs et autres petits objets pour montres ou pendules (Fabricant d') à façon.

Aiguilles pour les métiers à faire des bas (Monteur d').

Allumettes ou amadou (Fabricant ou marchand d').

Appeaux pour la chasse (Fabricant d').

Apprêteur de chapeaux de feutre.

Apprêteur de cure-dents.

Approprieur de chapeaux.

Arçonneur.

Arrosage, balayage ou enlèvement des boues (Entreprise de l') pour partie d'une ville.

Artiste en cheveux.

Assembleur ou brocheur.

Balais de bouleau, de bruyère ou de grand millet (Marchand de).

Balances (Loueur de).

Ballons pour lampes (Fabricant de) à façon.

Barbier.

Bardeaux (Fabricant de) à façon.

Batelier; celui qui passe les piétons d'un côté d'une rivière à l'autre.

Bâtonnier.

Baudelier.

Blanchisseur de linge, sans établissement de buanderie.

Blanchisseur de bas de soie.

Bobines pour les manufactures (Fabricant de).

Bois à brûler (Marchand de); celui qui vend à la falourde, au fagot ou au cotret.

Bois de galoches et de socques (Faiseur de).

Boisselier (Fabricant) à façon.

Bottier ou cordonnier à façon; celui qui travaille pour des maîtres qui lui fournissent la matière.

Bouchons de flacons (Ajusteur de)

Bouclerie (Fabricant de) à façon.

Boutons de métal, corne, cuir bouilli, etc. (Fabricant de) à façon.

Boutons de soie (Fabricant de) à façon.

Bretelles ou jarretières (Fabricant de) à façon, par procédés non mécaniques.

Brioleur avec bêtes de somme.

Briquetier à façon.

Brocanteur d'habits sans boutique.

Broches et cannelets pour la filature (Fabricant de) à façon.

Brosses (Fabricant de bois pour).

Brossier (Fabricant) à façon.

Broyeur à bras.

Buffletier (Fabricant) à façon.

Cabas (Faiseur de).

Cadrans de montres et de pendules (Fabricant de) à façon.

Café tout préparé (Débitant de).

Cafetières, bouillotes, marabouts (Fabricant de) à façon.

Cages, souricières ou tournettes (Marchand ou fabricant de).

Canevas (Dessinateur de).

Cannes (Fabricant de) à façon.

Caparaçonnier à façon.

Carcasses ou montures de parapluies (Fabricant de) à façon.

Carcasses pour modes (Fabricant de).

Cardes (Fabricant de) à façon, par les procédés ordinaires.

Carrés de montre (Fabricant de) à façon.

Cartons pour bureaux et autres (Fabricant de) à façon.

Casquettes, toques, bonnets carrés et autres (Fabricant de) à façon.

Castine (Marchand de).

Ceinturons, visières et menus objets en cuir (Fabricant de) à façon.

Cerclier.

Chaises communes (Fabricant ou marchand de).

Chaises à porteur ou fauteuils roulants (Loueur de).

Chaises (Empailleur de).

Chambre meublée (Loueur d'une).

Chamoiseur à façon.

Chandeliers en fer ou en cuivre (Fabricant de) à façon.

Chapeaux (Marchand de vieux), en boutique ou en magasin.

Chapeaux (Fabricant de coiffes de).

Chapeaux (Garnisseur de).

Charbon de bois (Marchand de) en détail.

Charbon de terre épuré ou non (Marchand de) en détail.

Charbonnier voiturier.

Charnières en fer, cuivre ou fer-blanc (Fabricant de) par procédés ordinaires, à façon.

Charrettes (Loueur de).

Châsses de lunettes (Fabricant de) à façon.

Chaussons de lisière (Fabricant de).

Chenilles en soie (Fabricant de) à façon.

Chevilleur.

Clinquant (Fabricant de) à façon.

Cloutier au marteau à façon.

Colleur de papiers peints.

Coloriste, enlumineur.

Cols, collets, cravates ou rabats (Fabricant de) à façon.

Coquetier, sans voiture ni bête de somme.

Cordes d'écorces (Fabricant de).

Cordons, lacets, tresses, ganses en fil, soie, laine, coton, etc. (Fabricant de) à façon.

Corne (Apprêteur de) à façon.

Corne (Fabricant de feuilles transparentes de) à façon.

Courroies (Apprêteur de) à façon.

Crépin en buis (Fabricant d'articles de) à façon.

Crin (Apprêteur, crêpeur ou friseur de) à façon.

Crinières (Fabricant de) à façon.

Crochets pour les fabriques d'étoffes (Fabricant de) à façon.

Cuillers d'étain (Fondeur ambulant de).
Cylindres pour filature (Garnisseur de).
Découpeur d'étoffes ou de papiers.
Découpoirs (Fabricant de) à façon.
Décrotteur en boutique.
Dés à coudre en métal autre que l'or et l'argent (Fabricant de) à façon.
Écrans (Fabricant d') à façon.
Élastiques pour bretelles, jarretières, etc. (Fabricant d').
Émeri et rouge à polir (Marchand d').
Encadreur d'estampes.
Enjoliveur (Fabricant) à façon.
Éperonnier à façon.
Épileur.
Épinceleur; celui qui, à l'aide d'un instrument nommé *épincette*, enlève les nœuds, pailles, etc., qui paraissent à la surface des étoffes au sortir du métier.
Épingles (Fabricant d') par les procédés ordinaires, à façon.
Étameur ambulant d'ustensiles de cuisine.
Étoupe (Marchand d') pour le calfatage des navires.
Étriers (Fabricant d') à façon.
Étuis et sacs de papier (Fabricant ou marchand d').
Éventailliste (Fabricant) à façon.
Fagots et bourrées (Marchand de), vendant au fagot.
Faînes (Marchand de).
Ferreur de lacets.
Feuilles de blé de Turquie (Marchand de).
Figures en cire (Mouleur de) à façon.
Filasse de nerfs (Fabricant de) à façon.
Filets, gants, mitaines, résilles ou autres ouvrages à mailles (Fabricant de) à façon.
Formaire pour la fabrication du papier, à façon.
Fouets et cravaches (Fabricant de), à façon.
Fourreaux pour sabres, épées, baïonnettes (Fabricant de) à façon.
Frangier à façon.
Frappeur de gaze.
Fuseaux (Fabricant de).
Gainier (Fabricant) à façon.
Galonnier (Fabricant) à façon.
Garnisseur d'étuis pour instruments de musique.
Garnitures de parapluies et cannes, telles que bouts, anneaux, crosses, manches, etc. (Fabricant de).
Gibernes (Fabricant de) à façon.
Graveur de musique.
Graveur sur bois.
Harmonicas (Facteur d').
Instruments pour les sciences (Fabricant d') à façon.
Langueyeur de porcs.
Limailles (Marchand de).
Limes (Tailleur de).
Livrets (Fabricant de) pour les batteurs d'or ou d'argent.
Loueur d'abris sur les marchés.
Maillechort et autres compositions métalliques (Fabricant d'objets en) à façon.
Marrons et châtaignes (Marchand de) en détail.
Matelassier.
Mesures linéaires, règles et équerres (Fabricant de) à façon.
Modiste à façon.
Moireur d'étoffes à façon.
Mottes à brûler (Fabricant ou marchand de).
Moules de boutons (Fabricant de).
Nattier.
Nécessaires (Fabricant de) à façon.

Nerfs (Batteur de).
Œillets métalliques (Fabricant d').
Opticien à façon, travaillant pour des maîtres qui lui fournissent la matière.
Oribus (Faiseur et marchand d').
Os (Fabricant d'objets en) à façon.
Osier (Marchand d'), vendant à la botte ou par petites quantités.
Ourdisseur de fils.
Paillassons (Fabricant de).
Paillettes et paillons (Fabricant de) à façon.
Pantoufles ou sandales (Fabricant de) à façon.
Papiers verrés ou émerisés (Fabricant de).
Parcheminier à façon.
Passementier (Fabricant) à façon, lorsqu'il fabrique des articles dont la confection n'exige point l'emploi de métiers. Le passementier à façon qui emploie des métiers est imposable en raison de leur nombre, d'après les règles du tableau C.
Pâte de rose (Fabricant de bijoux en).
Peignes à sérancer (Fabricant de) à façon.
Peignes d'écailles, d'ivoire, de corne, de bu s, etc (Fabricant de) à façon.
Peignes en cannes ou roseaux pour le tissage (Fabricant ou marchand de).
Peintre ou doreur, soit sur verre ou cristal, soit sur porcelaine, etc., à façon.
Pelles de bois (Fabricant ou marchand de).
Perceur de perles.
Perles fausses (Fabricant de) à façon.
Pinceaux (Fabricant de) à façon.
Pipes de terre (Marchand de) en détail.
Piqueur de cartes à dentelles.
Piqueur de grès.
Plieur de fil de soie à façon.
Plumassier à façon.
Plumeaux (Fabricant de) à façon.
Plumes à écrire (Apprêteur de).
Poires à poudre (Fabricant de) à façon.
Pois d'iris (Fabricant de).
Portefeuilles ou autres objets de menue maroquinerie (Fabricant de) à façon.
Porteur d'eau filtrée ou non filtrée, avec cheval et voiture.
Puits (Maître cureur de).
Raquettes ou volants (Fabricant de) à façon.
Régleur de papier.
Remiseur de charrettes à bras et de hottes.
Rémouleur ou repasseur de couteaux.
Reperceur.
Repriseuse de châles.
Rognures de peaux (Marchand de).
Rognures de papier (Marchand de).
Rouleaux (Tourneur de) pour la filature.
Ruches pour les abeilles (Fabricant de) à façon.
Sable (Marchand de).
Sabotier (Fabricant).
Sabots (Marchand de) en détail.
Satineur ou lisseur de papier.
Sciure de bois (Marchand de).
Seaux ou baquets en sapin (Fabricant de) à façon.
Semelles mobiles de paille, de liège, de feutre, etc., fourrées ou non fourrées, pour l'intérieur des chaussures (Fabricant de) à façon.
Souliers (Marchand de vieux).
Têtes en carton servant aux marchandes de modes (Fabricant de).
Tiges, empeignes ou brides de chaussures (Fabricant de) à façon.
Tôlier à façon.
Tourbe (Marchand de) en détail.
Tourneur en bois (Fabricant), sans boutique.
Vannier, fabricant de vannerie commune

2

Varech (Marchand de) en détail.
Veilleuses (Marchand ou fabricant de).
Viandes (découpeur ou dépeceur de); celui qui se charge de dépecer, de découper ou de parer, au gré des acheteurs, les quartiers de viande vendus en bloc.

Vignettes et caractères à jour (Fabricant de) à façon.
Vis ou tire-bouchons (Fabricant de) par procédés ordinaires, à façon.
Voiturier ou roulier n'ayant qu'un équipage

TABLEAU B

PROFESSIONS IMPOSÉES EU ÉGARD A LA POPULATION ET D'APRÈS UN TARIF EXCEPTIONNEL.

Droit proportionnel au dixième sauf les exceptions.

DÉSIGNATION	DROIT FIXE	
	Taxe déterminée.	Taxe par personne employée, en sus du nombre de cinq, aux écritures, aux caisses, à la surveillance aux achats et aux ventes intérieures ou extérieures.
	fr.	fr.
Agent de change :		
A Paris.	2.000 »	50 »
Dans les villes autres que Paris où il existe un parquet pour la négociation des effets publics.	500 »	25 »
Dans les villes de 100,001 âmes et au-dessus.	250 »	12 »
Dans les villes de 51,001 à 100,000 âmes.	200 »	10 »
Dans les villes de 30,001 à 50,000 âmes, et dans celles de 15,001 à 30,000 âmes qui ont un entrepôt réel.	150 »	8 »
Dans les villes de 15,001 à 30,000 âmes et dans celles d'une population de 15,000 âmes et au-dessous qui ont un entrepôt réel.	100 »	5 »
Dans toutes les autres communes.	75 »	5 »
Assurances maritimes (Entrepreneur d') :		
A Paris.	300 »	15 »
Dans les villes de 100,001 âmes et au-dessus.	250 »	12 »
Dans les villes de 50,001 à 100,000 âmes.	200 »	10 »
Dans les villes de 30,001 à 50,000 âmes et dans celles de 15,001 à 30,000 âmes qui ont un entrepôt réel.	150 »	8 »
Dans les villes de 15,001 à 30,000 âmes et dans celles de 15,000 âmes et au-dessous qui ont un entrepôt réel.	100 »	5 »
Dans toutes les autres communes.	50 »	5 »
Banquier :		
A Paris.	2.000 »	50 »
Dans les villes de 100,001 âmes et au-dessus.	1.000 »	40 »
Dans les villes de 50,001 à 100,000 âmes.	500 »	25 »
Dans les villes de 30,001 à 50,000 âmes et dans celles de 15,001 à 30,000 âmes qui ont un entrepôt réel.	400 »	20 »
Dans les villes de 15,001 à 30,000 âmes et dans celles d'une population de 15,000 et au-dessous qui ont un entrepôt réel.	300 »	15 »
Dans toutes les autres communes.	200 »	10 »
Le droit fixe sera rehaussé de moitié pour les banquiers dont les opérations comprennent l'émission des titres d'États étrangers, de sociétés, compagnies et villes étrangères, et pour ceux qui se chargent du paiement des intérêts et dividendes desdits titres, pour le compte de ces mêmes États, sociétés, compagnies et villes.		
Cabriolets, fiacres et autres voitures semblables, sous remise ou sur place (Entreprise de) :		

DÉSIGNATION	DROIT FIXE	
	Taxe déterminée.	Taxe par personne employée en sus du nombre de cinq, aux écritures, aux caisses, à la surveillance aux achats et aux ventes intérieures ou extérieures.
	fr.	fr.
Par voiture en circulation :		
A Paris..	4 »	
Dans les villes de 100,001 âmes et au-dessus....................	3 »	
Dans les villes de 50,001 à 100,000 âmes.......................	2 »	
Dans les villes de 50,000 âmes et au-dessous....................	1 50	
Caisse ou comptoir d'avances ou de prêts, de recettes ou de paiements (Tenant) :		
A Paris..	500 »	25 »
Dans les villes de 100,001 âmes et au-dessus....................	400 »	20 »
Dans les villes de 50,001 à 100,000 âmes.......................	300 »	15 »
Dans les villes de 30,001 à 50,000 âmes et dans celles de 15,001 à 30,000 âmes qui ont un entrepôt réel.....................	200 »	10 »
Dans les villes de 15,001 à 30,000 âmes et dans celles d'une population de 15,000 âmes et au-dessous qui ont un entrepôt réel...	150 »	8 »
Dans toutes les autres communes................................	100 »	5 »
Caisse ou comptoir pour opérations sur les valeurs (Tenant) :		
A Paris..	500 »	25 »
Dans les villes autres que Paris, où il existe un parquet pour la négociation des effets publics...............................	200 »	10 »
Dans les villes de 100,001 âmes et au-dessus....................	100 »	5 »
Dans les villes de 50,001 à 100,000 âmes.......................	75 »	5 »
Dans toutes les autres communes................................	50 »	5 »
Commissionnaire de transports par terre ou par eau :		
A Paris..	300 »	15 »
Dans les villes de 100,001 âmes et au-dessus....................	250 »	12 »
Dans les villes de 50,001 à 100,000 âmes.......................	200 »	10 »
Dans les villes de 30,001 à 50,000 âmes et dans celles de 15,001 à 30,000 âmes qui ont un entrepôt réel.....................	150 »	8 »
Dans les villes de 15,001 à 30,000 âmes et dans celles de 8,001 à 15,000 âmes qui ont un entrepôt réel.....................	100 »	5 »
Dans les villes de 8,001 à 15,000 âmes, et dans celles de 8,000 âmes et au-dessous qui ont un entrepôt réel...................	50 »	5 »
Dans toutes les autres communes................................	30 »	5 »
Commissionnaire en marchandises :		
A Paris..	400 »	20 »
Dans les villes de 50,001 âmes et au-dessus....................	300 »	15 »
Dans les villes de 30,001 à 50,000 âmes et dans celles de 15,001 à 30,000 âmes qui ont un entrepôt réel.....................	200 »	10 »
Dans les villes de 15,001 à 30,000 âmes et dans celles de 15,000 âmes et au-dessous qui ont un entrepôt réel...................	150 »	8 »
Dans toutes les autres communes................................	75 »	5 »
Si les opérations que font les commissionnaires en marchandises ou auxquelles ils prêtent leur entremise ont pour objet habituel la vente aux marchands détaillants et aux consommateurs, les droits de patente seront ceux de la 4e classe du tableau A.		
Courtier de marchandises, facteur de denrées et marchandises, représentant de commerce et tout individu prêtant son entremise pour l'achat ou la vente des marchandises, ou achetant ou vendant des marchandises pour le compte de tiers, et dont la profession n'est pas spécialement dénommée aux tarifs des patentes ;		

DÉSIGNATION	Taxe déterminée.	Taxe par personne employée, en sus du nombre de cinq, aux écritures, aux caisses, à la surveillance aux achats et aux ventes intérieures ou extérieures.
	fr.	fr.
A Paris..	200 »	10 »
Dans les villes de 50,001 âmes et au-dessus.................	150 »	8 »
Dans les villes de 30,001 a 50,000 âmes et dans celles de 15,001 à 30,000 âmes qui ont un entrepôt réel.................	100 »	5 »
Dans les villes de 15,001 à 30,000 âmes et dans celles de 15,000 âmes et au-dessous qui ont un entrepôt réel.................	75 »	5 »
Dans toutes les autres communes...........................	50 »	5 »
Si les opérations que font les patentables ci-dessus énumérés, ou auxquelles ils prêtent leur entremise, ont pour objet habituel la vente aux marchands détaillants et aux consommateurs, les droits de patente seront ceux de la 4e classe du tableau A.		
Commissionnaire entrepositaire :		
A Paris..	300 »	15 »
Dans les villes de 100,001 âmes et au-dessus.................	250 »	12 »
Dans les villes de 50,001 à 100,000 âmes....................	200 »	10 »
Dans les villes de 30,001 à 50,000 âmes et dans celles de 15,001 à 30,000 âmes qui ont un entrepôt réel.................	150 »	8 »
Dans les villes de 15,001 à 30,000 âmes et dans celles de 15,000 âmes et au-dessous qui ont un entrepôt réel.................	100 »	5 »
Dans toutes les autres communes...........................	50 »	5 »
Courtier d'assurances:		
A Paris..	300 »	15 »
Dans les villes de 100,001 âmes et au-dessus.................	250 »	12 »
Dans les villes de 50,001 à 100,000 âmes....................	200 »	10 »
Dans les villes de 30,001 à 50,000 âmes et dans celles de 15,001 à 30,000 âmes qui ont un entrepôt réel.	150 »	8 »
Dans les villes de 15,001 à 30,000 âmes et dans celles de 15,000 âmes et au-dessous qui ont un entrepôt réel	100 »	5 »
Dans toutes les autres communes...........................	50 »	5 »
Courtier de navires :		
A Paris..	300 »	15 »
Dans les villes de 100,001 âmes et au-dessus.................	250 »	12 »
Dans les villes de 50,001 à 100,000 âmes....................	200 »	10 »
Dans les villes de 30,001 à 50,000 âmes et dans celles de 15,001 à 30,000 âmes qui ont un entrepôt réel.................	150 »	8 »
Dans les villes de 15,001 à 30,000 âmes et dans celles de 15,000 âmes et au-dessous qui ont un entrepôt réel.................	100 »	5 »
Dans toutes les autres communes...........................	50 »	5 »
Diamants ou pierres fines (Marchand de) :		
A Paris..	500 »	25 »
Dans les villes de 100,001 âmes et au-dessus.................	400 »	20 »
Dans les villes de 50,001 à 100,000 âmes....................	300 »	15 »
Dans les villes de 30,001 à 50,000 âmes....................	200 »	10 »
Dans les villes de 15,001 à 30,000 âmes.................	150 »	8 »
Dans toutes les autres communes...........................	100 »	5 »
Eau (Entrepreneur de distribution d') :		
Par 1,000 âmes de la population normale totale des différentes communes desservies par l'entreprise.......................	3 »	»
Facteur aux Halles de Paris :		

DÉSIGNATION	DROIT FIXE	
	Taxe déterminée.	Taxe par personne employée, en sus du nombre de cinq aux écritures, aux caisses, à la surveillance aux achats et aux ventes intérieures ou extérieures
	fr.	fr.
On ne comptera comme employés que les commis aux écritures et les commis crieurs............	100 »	8 »
Facteur aux marchés aux bestiaux destinés à l'approvisionnement de Paris....................................	150 »	8 »
Inhumations et pompes funèbres (Entreprise des) :		
Par 1,000 âmes de la population normale totale des différentes communes desservies par l'entreprise......................	3 »	»
Magasin de plusieurs espèces de marchandises (Tenant un) :		
Lorsqu'il occupe habituellement plus de dix personnes employées aux écritures, aux caisses, à la surveillance, aux achats et aux ventes intérieures ou extérieures.		
Dans les villes de 100,001 âmes et au-dessus....................	100 »	25 »
Dans les villes de 50,001 à 100,000 âmes:...................	80 »	20 »
Dans les villes de 50,000 âmes et au-dessous..................	30 »	15 »
Magasin de vêtements (Tenant un) :		
Lorsqu'il occupe habituellement plus de dix personnes employées aux écritures, aux caisses, à la surveillance, aux achats et aux ventes intérieures ou extérieures.		
Dans les villes de 100.001 âmes et au-dessus	100 »	25 »
Dans les villes de 50,001 à 100,000 âmes......................	80 »	20 »
Dans les villes de 50,000 âmes et au-dessous.................	30 »	15 »
Négociant :		
Celui qui, dans le même établissement, vend en gros plusieurs espèces de marchandises.		
A Paris...	500 »	25 »
Dans les villes de 100,001 âmes et au-dessus.................	400 »	20 »
Dans les villes de 50,001 à 100,000 âmes....................	300 »	15 »
Dans les villes de 30,001 à 50,000 âmes et dans celles de 15,001 à 30,000 âmes qui ont un entrepôt réel................	200 »	10 »
Dans les villes de 15,001 à 30,000 âmes et dans les villes de 15,000 âmes et au-dessous qui ont un entrepôt réel..........	150 »	8 »
Dans toutes les autres communes	100 »	5 »
Omnibus (Entreprise d') :		
Par place des voitures en circulation :		
Dans les villes de 100,001 âmes et au-dessus	1 »	»
Dans les villes de 50,001 à 100,000 âmes...................	» 75	»
Dans les villes de 50,000 âmes et au-dessous.............. ...	» 50	»
Le droit sera réduit de moitié pour les places dont le prix est au-dessous de 20 centimes.		
Paquebots étrangers (Tenant une agence de) :		
Celui qui se charge d'assurer du fret aux paquebots des compagnies étrangères.		
A Paris...	300 »	15 »
Dans les villes de 100.001 âmes et au-dessus................	250 »	12 »
Dans les villes de 50,001 à 100,000 âmes....................	200 »	10 »
Dans les villes de 30,001 à 50,000 âmes et dans celles de 15,001 à 30,000 âmes qui ont un entrepôt réel................	150 »	8 »
Dans les villes de 15,001 à 30,000 âmes et dans celles de 15,000 âmes et au-dessous qui ont un entrepôt réel	100 »	5 »
Dans toutes les autres communes..................	50 »	5 »

DÉSIGNATION	DROIT FIXE	
	Taxe déterminée	Taxe par personne employée, en sus du nombre de cinq, aux écritures, aux caisses, à la surveillance aux achats et aux ventes intérieures ou extérieures.
	fr.	fr.
Pont (concessionnaire ou fermier de péage sur un) :		
Dans l'intérieur de Paris..	200 »	»
Dans l'intérieur d'une ville de 50,001 âmes et au-dessus.......	100 »	»
Dans l'intérieur d'une ville de 20,001 à 50,000 âmes............	75 »	»
Dans les autres communes d'une population de 20,000 âmes et au-dessous, lorsque le pont réunit deux parties :		
D'une route nationale..	75 »	»
D'une route départementale...	50 »	»
D'un chemin vicinal de grande communication...................	25 »	»
D'un chemin vicinal...	15 »	»
Lorsque le pont réunit deux routes ou chemins de classes différentes, le droit fixe est établi d'après la moyenne des taxes afférentes aux deux classes.		
Roulage (Entrepreneur de) :		
A Paris...	150 »	»
Dans les villes de 100,001 âmes et au-dessus....................	125 »	»
Dans les villes de 50,001 à 100,000 âmes.........................	100 »	»
Dans les villes de 30,001 à 50,000 âmes et dans celles de 15,001 à 30,000 âmes qui ont un entrepôt réel......................	75 »	»
Dans les villes de 15,001 à 30,000 âmes et dans celles de 8,001 à 15,000 âmes qui ont un entrepôt réel.......................	50 »	»
Dans les villes de 8,001 à 15,000 âmes et dans celles de 8,000 âmes et au-dessous qui ont un entrepôt réel...................	40 »	»
Dans toutes les autres communes..................................	25 »	»
Signaux télégraphiques à l'entrée des ports (Entrepreneur de) :		
Dans les villes de 50,001 âmes et au-dessus.....................	100 »	»
Dans les villes de 30,001 à 50,000 âmes et dans celles de 15,001 à 30,000 âmes qui ont un entrepôt réel......................	75 »	»
Dans les villes de 15,001 à 30,000 âmes et dans celles de 15,000 âmes et au-dessous qui ont un entrepôt réel...................	50 »	»
Dans toutes les autres communes..................................	25 »	»

TABLEAU C.

Professions imposées sans avoir égard à la population.

PREMIÈRE PARTIE.

Droit proportionnel au 20ᵉ, sauf les exceptions.

Allumettes chimiques (Concessionnaire ou sous-concessionnaire de la vente des) :
Par département :
100 francs, lorsque le monopole de la vente a été concédé pour la totalité du département ;
50 francs, lorsque la concession ne comprend qu'une partie du département.

Sont considérés comme allumettes chimiques tous les objets quelconques amorcés ou préparés de manière à pouvoir s'enflammer ou produire du feu par frottement ou par tout moyen autre que le contact direct avec une matière en combustion.

Armateur pour le long cours :
10 centimes par chaque tonneau des navires à voiles ;
40 centimes par chaque tonneau des navires à vapeur ;
Le nombre des tonneaux est compté d'après la jauge nette de la douane.

Armateur pour le grand et le petit cabotage, la pêche de la baleine, celle de la morue, la pêche ordinaire ou petite pêche, et armateur au bornage :

5 centimes par chaque tonneau des navires à voiles.

20 centimes par chaque tonneau des navires à vapeur.

Le nombre des tonneaux est compté d'après la jauge nette de la douane.

Assurances non mutuelles (Entreprise d') :
100 francs pour chaque département où elle opère.

Banque de France, y compris ses comptoirs : 50,000 francs.

Barques et bateaux pour le transport des marchandises sur les fleuves, rivières et canaux (Entrepreneur, maître ou patron de) :
3 centimes par chaque tonneau de la capacité brute des barques et bateaux.

Si le conducteur n'est qu'un homme à gages, la patente est due par l'entrepreneur, le maître ou le patron qui l'emploie.

Bateaux à vapeur (Entreprise de) sur fleuves, rivières ou lacs :
13 centimes par chaque tonneau de la capacité brute des bateaux.

Bateaux à vapeur omnibus (Entreprise de) :
25 centimes par place.

Bateaux à vapeur remorqueurs (Entreprise de) :
60 francs par bateau.

Ce droit sera réduit de moitié pour les bateaux à vapeur remorqueurs, jaugeant dix tonneaux et au-dessous.

Canaux navigables avec péage ou canaux d'irrigation (Concessionnaire de) :
7 francs par kilomètre complet.

Dans le cas où le canal aura moins d'un kilomètre, le droit de 7 francs sera applicable.

Défrichement ou dessèchement (Compagnie de) :
50 centimes par hectare des concessions.

Fournisseur d'objets concernant le grand et le petit équipement, l'habillement, la remonte, le harnachement, le campement, etc., des troupes de terre et de mer, lorsqu'il n'est pas fabricant de ces objets :
25 centimes par cent francs ou fraction de cent francs du montant des adjudications ou des marchés.

Fournisseur de chauffage ou d'éclairage aux troupes :
1 centime par homme de l'effectif moyen entretenu dans l'arrondissement de fournitures et indiqué, par l'administration de la guerre, pour servir de base aux adjudications ou aux marchés.

Fournisseur de pain aux troupes :
7 centimes par homme de l'effectif moyen entretenu dans l'arrondissement de fournitures et indiqué, par l'administration de la guerre, pour servir de base aux adjudications ou aux marchés.

Marchand forain :
Avec voiture : 20 francs par voiture et 20 francs par collier.
Avec bête de somme : 15 francs par bête de somme.
Avec balle : 8 francs.

Les droits ci-dessus sont réduits de moitié lorsque les marchands forains ne vendent que des balais, de la boissellerie, des bouteilles, des pierres à aiguiser, de la poterie, de la vannerie ou de la fonte ouvragée.

Les taxes par voiture et par collier sont réduites de moitié lorsque les marchands forains ne transportent pas habituellement leurs marchandises dans un rayon excédant 20 kilomètres à partir du lieu de leur domicile, ou lorsqu'ils attellent exclusivement leurs voitures avec des ânes.

Dans le cas où une voiture sera attelée avec des chevaux et des ânes, la taxe par collier sera réduite de moitié pour chaque âne.

Marchand forain sur bateau :
20 francs par bateau.

Papiers ou taffetas pour usages médicinaux (Fabrique de). . . . . 5 fr.
Plus 10 francs par ouvrier.

Péage sur une route (Adjudicataire, concessionnaire ou fermier des droits de) :
30 centimes par 100 francs ou fraction de 100 francs du prix de ferme.

Dans le cas où le péage serait concédé à titre d'indemnité ou de remboursement de frais de construction, de réparation, etc., le concessionnaire serait annuellement imposé d'après le montant de la somme représentant l'annuité nécessaire pour assurer, à la fin de la concession, l'indemnité ou le remboursement dont il s'agit.

Réassurances (Compagnie, société ou comptoir de).
Moitié du droit fixe que paye la société d'assurances avec laquelle ils traitent.

Dans le cas où ils traiteront avec plusieurs sociétés différentes, le droit fixe sera égal à la moitié de celui que payera la compagnie d'assurances la plus imposée.

Sociétés formées par actions pour opérations de banque, de crédit, d'escompte, de dépôts, de comptes courants, etc.
30 centimes par 1,000 francs du capital versé ou non versé.

Dans le cas où l'ensemble des droits fixe et proportionnel calculés conformément au tableau C serait inférieur au total qui résulterait de l'application du tarif du tableau A ou du tableau B, selon la nature des professions exercées, ce serait le tarif de ces derniers tableaux qu'on devrait appliquer.

Tontine (Société de). . . . . 360 fr.

2e PARTIE.

Droit proportionnel { Au 20e : sur la maison d'habitation; Au 40e : sur l'établissement industriel.

Affineur d'or ou d'argent. . . . . 5 fr.
Plus 10 fr. par ouvrier et 100 fr. par appareil de dissolution.

Amidon (Fabrique d'). . . . . 5 fr.
Plus 5 fr. par ouvrier.

Ardoisières (Exploitant d'). . . . . 5 fr.
Plus 3 fr. par ouvrier.

Asphalte ou bitume (Fabrique d'). . . . . 5 fr.
Plus 3 fr. par ouvrier.

Blanc de baleine (Raffinerie de). . . . . 5 fr.
Plus 5 fr. par ouvrier.

Bougies ou cierges en cire, stéarine, paraffine, etc. (Fabrique de). . . . . 5 fr.
Plus 5 fr. par ouvrier.

Brais, poix, résines ou matières résineuses (Fabrique de).
3 fr. par hectolitre de la capacité brute des alambics; 30 centimes par hectolitre de la capacité brute des chaudières épuratoires; 2 fr. 50 par four épuratoire.

Café de chicorée, de glands ou autres matières analogues (Fabrique de). . . . . 5 fr.
Plus 4 fr. par ouvrier et par machine à moudre, à écraser ou à triturer, le droit dont elle es passible considérée comme moulin. Ne sont point comptés les ouvriers qui ne sont employés qu'à la culture de la chicorée ou à la récolte des glands.

Caramel (Fabrique de). . . . . 5 fr.
Plus 3 fr. par ouvrier.

Cendres gravelées (Fabrique de)......... 5 fr.
Plus 4 fr. par ouvrier.
Cendres de métaux précieux (Exploitant une fon-
derie de)............................. 5 fr.
Plus 3 fr. par ouvrier et 30 fr. par fourneau.
Chandelles (Fabrique de)................ 5 fr.
Plus 4 fr. par ouvrier.
Chapeaux (Fabricant de).................... 5 fr.
Plus 3 fr. par ouvrier.
Chaux ou ciments naturels (Fabrique de) :
1 fr. 20 par mètre cube de la capacité brute des
fours à feu intermittent;
1 fr. 50 par mètre cube de la capacité brute
des fours à feu continu.
Le droit sera réduit de moitié pour les fours à
feu intermittent dans lesquels on cuira moins de
huit fois par an et pour les fours à feu continu
qui ne seront en activité que deux mois par an.
Chaux ou ciments artificiels (Fabrique de) :
1 fr. 80 par mètre cube de la capacité brute
des fours.
Le droit sera réduit de moitié pour les fours
dans lesquels on cuira moins de huit fois par
an.
Chocolat (Fabricant de) par procédés mécaniques .... 5 fr.
Plus 4 fr. par ouvrier et 6 fr. par meule, cylindre ou autre machine à broyer et par appareil
à mélanger.
Cirage ou encaustique (Fabrique de) par procédés mécaniques .... 5 fr.
Plus 5 fr. par ouvrier.
Cire (Blanchisserie de)................... 5 fr.
Plus 5 fr. par ouvrier.
Coke (Fabrique de) :
18 centimes par fraction de la capacité des
fours, susceptibles de recevoir une charge de
100 kilogrammes de charbon.
Les droits seront réduits de moitié pour les
fours où la carbonisation dure plus de 48 heures.
Colle forte (Fabrique de) .... 5 fr.
Plus 4 fr. par ouvrier.
Colle végétale pour les papeteries (Fabrique
de.................................... 5 fr.
Plus 4 fr. par ouvrier.
Conserves alimentaires (Fabrique de).... 5 fr.
Plus 4 fr. par ouvrier.
Cossettes de betteraves ou de chicorée (Fabri-
que de) .... 5 fr.
Plus 4 fr. par ouvrier.
Couleurs et vernis (Fabrique de) .... 5 fr.
Plus 5 fr. par ouvrier.
Crayons (Fabrique de)................... 5 fr.
Plus 4 fr. par ouvrier.
Distillateur d'essences ou eaux parfumées ou
médicinales :
2 fr. par hectolitre de la capacité brute de
tous les alambics.
Le droit sera réduit de moitié pour les distil-
lateurs ambulants.
Distillateur-parfumeur : celui qui, à la distilla-
tion des essences ou eaux parfumées, joint
la fabrication des matières premières de parfumerie (pommades, extraits et huiles parfumées) :
2 fr. par hectolitre de la capacité brute de
tous les alambics et 15 fr. par presse.
Distillateur liquoriste :
5 fr. par hectolitre de la capacité brute des
alambics et 1 fr. par hectolitre de la capacité
brute de toutes les bassines.
Les alambics servant uniquement à la recti-
fication des alcools ne seront taxés qu'à raison
de 1 fr. par hectolitre.

Encre d'impression (Fabrique d')....... 5 fr.
Plus 5 fr. par ouvrier.
Esprit ou eau-de-vie de vin (Fabrique d') 60 fr.
Ce droit sera réduit de moitié pour les fabri-
cants qui fabriquent moins de 100 hectolitres.
Esprit ou eau-de-vie de marc de raisin, cidre,
poiré (Fabrique d').............. ...... 30 fr.
Ce droit sera réduit de moitié pour les fabri-
cants qui fabriquent moins de 100 hectolitres.
Étain pour glaces (Fabrique d')........ 5 fr.
Plus 5 fr. par ouvrier.
Fécules (Fabrique de).................. 5 fr.
Plus 5 fr. par ouvrier.
Fontainier, sondeur ou foreur de puits arté-
siens.................. .... 5 fr.
Plus 4 fr. par ouvrier.
Fournisseur de fourrages aux troupes :
50 centimes par cheval de l'effectif moyen en-
tretenu dans l'arrondissement de fournitures et
indiqué, par l'administration de la guerre, pour
servir de base aux adjudications ou aux marchés.
Fromages de Roquefort ou autres fromages secs
(Fabrique de) .... 5 fr.
Plus 2 fr. 50 par ouvrier et 25 fr. par machi-
ne à monter, brosser ou piquer.
Gélatine (Fabrique de)................. 5 fr.
Plus 4 fr. par ouvrier.
Glacières (Maître de) :
20 centimes par mètre cube de la capacité
brute des glacières.
Glucose (Fabrique de).................. 5 fr.
Plus 4 fr. par ouvrier.
Goudron (Fabrique de)................. 5 fr.
Plus 2 fr. 50 par ouvrier.
Malt ou orge germée servant à la fabrication de
la bière (Fabrique de)................. 5 fr.
Plus 4 fr. par ouvrier.
Mèches pour les mines et les artifices (Fabrique
de...................................... 5 fr.
Plus 4 fr. par ouvrier.
Noir animal (Fabrique de)............. 5 fr.
Plus 4 fr. par ouvrier.
Pâtes alimentaires (Fabrique de) .... 5 fr.
Plus 5 fr. par ouvrier.
Pierres à feu (Fabrique de)............. 5 fr.
Plus 2 fr. 50 par ouvrier.
Pierres fausses (Tailleur de) pour son compte 5 fr.
Plus 4 fr. par ouvrier.
Pierres fines (Tailleur de) pour son compte 5 fr.
Plus 6 fr. par ouvrier.
Pierres fines ou fausses (Tailleur de) à façon 5 fr.
Plus 2 fr. 50 par ouvrier.
Pipes de terre (Fabrique de)........... 5 fr.
Plus 2 fr. 50 par ouvrier.
Plâtre (Fabrique de) par procédés ordinaires :
70 centimes par mètre cube de la capacité
brute des fours.
Ce droit sera réduit de moitié pour les fours
dans lesquels on fera moins de huit fournées par
an.
Plâtre (Fabrique de) au moyen de fours à feu
continu :
8 fr. par four.
Pointes (Fabrique de) par procédés ordinai-
res.................................... 5 fr.
Plus 3 fr. 50 par ouvrier.
Réglisse (Fabrique de).................. 5 fr.
Plus 4 fr. par ouvrier.
Savon (Fabrique de):
70 centimes par hectolitre de capacité brute
des chaudières.
Sel (Raffinerie de)..................... 5 fr.
Plus 5 fr. par ouvrier.

Suif (Fondeur de)...................... 5 fr.
Plus 5 fr. par ouvrier.
Tan carbonisé (Fabrique de):
2 fr. par mètre cube de la capacité brute des fours.
Toiles ou tapis cirés ou vernis (Fabricant de)................................... 5 fr.
Plus 5 fr. par ouvrier.
Tourbes carbonisées (Fabrique de). ... 5 fr.
Plus 2 fr. 50 par ouvrier.
Vinaigre (Fabrique de) :
12 centimes par hectolitre de la capacité brute des vaisseaux servant à la fermentation.

Ce droit sera réduit de moitié pour les établissements qui fabriquent moins de 100 hectolitres.

3ᵉ PARTIE.

Droit proportionnel { Au 20ᵉ : sur la maison d'habitation ; Au 50ᵉ : sur l'établissement industriel.

Aciers (Fabrique d') :
Acier naturel ou de forge :
40 fr. par fourneau de fusion, par feu d'affinerie ou par four à puddler.
Acier de cémentation.. .... 5 fr.
Plus 4 fr. par ouvrier.
Acier fondu.......................... 5 fr.
Plus 4 fr. par ouvrier.
Acier fondu par le procédé Bessemer :
3 fr. par fraction de la contenance des convertisseurs susceptible de recevoir une charge de 100 kilogrammes.
Agglomérés, charbon artificiel ou briques combustibles (Fabrique de)............. 5 fr.
Plus 4 fr. par ouvrier.
Agrafes (Fabrique d') par procédés mécaniques................................. 5 fr.
Plus 4 fr. par ouvrier.
Aiguilles à coudre, à tricoter ou à métier pour faire des bas (Fabrique d').......... 5 fr.
Plus 4 fr. par ouvrier.
Alcool ou eau-de-vie de fécules, de grains, de betteraves et autres substances analogues (Fabrique d') :
12 centimes par hectolitre de la capacité brute des cuves de fermentation et 60 centimes par hectolitre de la capacité brute des chaudières et colonnes à rectifier.
Le droit sera réduit de moitié pour les fabriques qui travaillent moins de trois mois par an.
Alcool ou eau-de-vie de garance (Fabrique d') :
2 centimes par hectolitre de la capacité brute des cuves ou bassins de fermentation, et 60 centimes par hectolitre de la capacité brute des chaudières et colonnes à rectifier.
Le droit sera réduit de moitié pour les fabriques qui travaillent moins de trois mois par an.
Allumettes chimiques (Fabrique d')...... 5 fr.
Plus 4 fr. par ouvrier.
Sont considérées comme allumettes chimiques tous les objets quelconques amorcés ou préparés de manière à pouvoir s'enflammer ou produire du feu par frottement ou par tout autre moyen que le contact direct avec une matière en combustion.
Apprêteur de chapeaux de feutre ou de paille par procédés mécaniques............ 5 fr.
Plus 3 fr. par ouvrier.
Armes de guerre (Fabrique d')........... 5 fr.
Plus 2 fr. par ouvrier.
Bâtonnier par procédés mécaniques...... 5 fr.
Plus 4 fr. par ouvrier.

Batteur de laines par procédés mécaniques............................. 5 fr.
Plus 3 fr. par ouvrier.
Biscuit de mer (Fabrique de).......... 5 fr.
Plus 4 fr. par ouvrier.
Blanc de craie (Extracteur ou fabricant de). 5 fr.
Plus 2 fr. 50 par ouvrier.
Blanchisserie de toiles, fils, étoffes de laine, pour le commerce, par procédés mécaniques ou chimiques................. 5 fr.
Plus 3 fr. par ouvrier.
Bois de brosses (Fabrique de) par procédés mécaniques :
6 fr. par perçoir.
Bois d'allumettes (Fabricant de) par procédés mécaniques..................... 5 fr.
Plus 4 fr. par ouvrier.
Bouchons de liège (Fabrique de) par procédés mécaniques :
1 fr. 20 par lame.
Brasserie (Exploitant de) :
1 fr. par hectolitre de la capacité brute de toutes les chaudières.

Ce droit sera réduit de moitié pour les établissements qui ne brassent que quatre fois au plus par an, d'un quart pour ceux qui ne brassent que huit fois au plus par an, et d'un huitième pour ceux qui ne brassent que douze fois au plus par an.
Briques, creusets, poterie, tuiles, tuyaux pour le drainage ou la conduite des eaux, objets en terre cuite pour construction ou l'ornementation (Fabrique de)........... 5 fr.
Plus 2 fr. 50 par ouvrier, ou par série d'ouvriers momentanément employés équivalant à un ouvrier complètement occupé, et 6 fr. par malaxeur ou autre machine à broyer, à écraser, à mêler, à mouler, à pulvériser, etc.
Le droit sera réduit de moitié pour les machines à bras ou à manège.
Buffet dans l'intérieur d'une gare de chemin de fer (Exploitant un)............... 5 fr.
Plus 10 fr. par personne employée au service ou à la surveillance.
Câbles et cordages pour la marine ou la navigation intérieure (Fabrique de)...... 5 fr.
Plus 4 fr. par ouvrier.
Calorifères pour le chauffage des maisons, serres ou établissements publics (Fabricant ou entrepreneur de la construction des). 5 fr.
Plus 4 fr. par ouvrier.
Caoutchouc, gutta-percha ou autres matières analogues (Etablissement pour la préparation ou l'emploi du) par procédés mécaniques................................. 5 fr.
Plus 5 fr. par ouvrier employé soit à la préparation des matières, soit à la confection mécanique des objets fabriqués.
Capsules ou cartouches pour armes à feu (Fabrique de)........................... 5 fr.
Plus 4 fr. par ouvrier.
Caractères d'imprimerie (Fondeur de).... 5 fr.
Plus 4 fr. par ouvrier.
Carton à la cuve (Fabrique de) :
36 fr. par cuve.
Casino (Exploitant de)................. 5 fr.
Plus 10 fr. par personne préposée au service ou à la surveillance de l'établissement.
Charpie (Fabrique de) par procédés mécaniques :
6 fr. par carde.
Chaussures (Fabricant de) par procédés mécaniques................................. 5 fr
Plus 3 fr. par ouvrier et 12 fr. par machine

battre, à découper, à presser, à coudre ou à visser.

Chemin de fer avec péage (Concessionnaire ou exploitant de) :

10 fr. par kilomètre pour les lignes ou portions de ligne à double voie.

5 fr. par kilomètre pour les lignes ou portions de lignes à simple voie.

Ne seront comptées dans les lignes à double voie que les parties pourvues de deux voies et reliant au moins deux stations entre elles. Dans le cas ou la ligne aurait moins d'un kilomètre, les droits ci-dessus seraient applicables.

Clous et pointes (Fabrique de) par procédés mécaniques :

6 fr. par métier.

Cocons (Filerie de) :

1 fr. 80 par bassine ou tour.

Conservation des bois, des toiles et des cordages (Etablissement pour la) au moyen de préparations chimiques :

60 centimes par mètre cube des bassins, cuves ou fosses renfermant les préparations conservatrices ou servant à l'immersion des objets à conserver.

Coupeur de poils par procédés mécaniques :

6 fr. par machine à couper et par machine à souffler.

Courroies (Fabricant de) par procédés mécaniques.................................. 5 fr.

Plus 3 fr. par ouvrier et 12 fr. par machine à jonction et par machine à découper, à tendre, à coudre ou à visser.

Coutellerie (Fabricant de) expédiant sur commande................................... 5 fr.

Plus 4 fr. par ouvrier ou par série d'ouvriers partiellement employés, équivalant à un ouvrier employé complètement.

Coutellerie (Fabricant non expéditeur de). 4 fr.

Plus 2 fr. 50 par ouvrier ou série d'ouvriers partiellement employés équivalant à un ouvrier employé complètement.

Couverts et autres objets de service de table en argent ou en alliage (Fabricant de) par procédés mécaniques................ 5 fr.

Plus 5 fr. par ouvrier.

Couverts et autres objets en fer battu ou étamé (Fabricant de) par procédés mécaniques. 5 fr.

Plus 3 fr. par ouvrier.

Couverts et autres objets en fer battu ou étamé (Fabricant de) par procédés ordinaires.................................... 5 fr.

Plus 3 fr. 50 par ouvrier.

Crin végétal (Fabrique de) par procédés mécaniques :

6 fr. par machine à peigner.

Cristaux (Fabrique de).................... 5 fr.

Plus 3 fr. par ouvrier employé à la fabrication proprement dite et aux façons complémentaires de la taille, de la gravure, etc.

Déchireur de chiffons, vieux cordages, vieilles étoffes, et déchets de laine et de coton par procédés mécaniques :

12 fr. par machine.

Découpeur d'étoffes par procédés mécaniques :

6 fr. par métier.

Dégraisseur par procédés mécaniques.... 5 fr.

Plus 3 fr. par ouvrier.

Diligences partant à jours et heures fixes (Entreprise de) :

Par kilomètre de chaque ligne parcourue : 48 centimes pour chaque voiture ayant dix places et au-dessous; 60 centimes pour chaque voiture ayant plus de dix places.

Ces droits seront réduits de moitié lorsque l'entrepreneur n'effectuera que trois voyages au plus par semaine sur une ligne de moins de deux myriamètres.

Dans le cas où les voyages pour l'aller et le retour sont effectués sur la même route, on ne compte qu'une seule fois, pour chaque voiture, la distance comprise entre les deux points extrêmes de la ligne parcourue.

Eaux minérales ou thermales (Exploitant d') :

2 fr. par baignoire, appareil pour douches et cabinet pour traitement spécial; 50 c. par appareil de pulvérisation; 25 c. par mètre carré de la superficie des piscines et des salles communes d'inhalation ou de fumigation; 15 fr. par buvette ou, si la buvette a des préposés spéciaux, 15 fr. par préposé; 15 fr. par personne employée à la vente et à l'expédition des eaux ou à la fabrication des sels, pastilles, etc., et à l'expédition de ces produits.

Ecorces pour la fabrication du papier (Déchireur d') par procédés mécaniques :

12 fr. par machine.

Enclumes, essieux et gros étaux (Manufacture d') :

30 fr. par feu.

Engrais (Fabricant d')..................... 5 fr.

Plus 3 fr. par ouvrier.

Épingles (Fabrique d') par procédés mécaniques :

6 fr. par machine complète et 3 fr. par machine simple.

Fabricant: celui dont la profession, inscrite sous une dénomination quelconque au tableau des commerces, industries ou professions dont le droit fixe est réglé eu égard à la population et d'après un tarif général, consiste dans un travail de fabrication, de confection ou de main-d'œuvre, lorsqu'il travaille pour le commerce et qu'il occupe plus de dix ouvriers disséminés ou réunis dans le même établissement.

Pour les 10 premiers ouvriers........ 18 fr.

Plus, pour les ouvriers au-dessus de dix, 3 fr. 60 par ouvrier ou par série d'ouvriers momentanément occupés équivalant à un ouvrier employé complètement.

Les droits ci-dessus seront réduits de moitié pour les fabricants à façon.

Dans aucun cas, l'ensemble des droits fixes et proportionnels de patente ne pourra être inférieur au total qui résulterait de l'application à la profession du fabricant du tarif réglé en raison de la population.

Fabricant d'objets concernant le grand et le petit équipement l'habillement, la remônte, le harnachement, le campement, etc., des troupes de terre et de mer, lorsque la fabrication de ces objets ne rentre pas dans les dénominations spéciales comprises au tableau des professions dont le droit fixe est réglé sans égard à la population............. 5 fr.

Plus 3 fr. 60 par ouvrier ou par série d'ouvriers momentanément occupés équivalant à un ouvrier employé complètement.

Faïence (Fabrique de) :

1 fr. par mètre cube de la capacité brute des fours.

Le droit sera réduit de moitié pour les fours à la houille dans lesquels on fera moins de vingt-cinq fournées par an et pour les fours au bois dans lesquels on fera moins de vingt fournées par an.

Faux ou faucilles (Fabrique de).......... 5 fr

Plus 3 fr. par ouvrier.

Fer-blanc (Fabrique de)................. 5 fr.
Plus 5 fr. par ouvrier.
Ferronnerie, serrurerie, clous forgés (Fabrique
de).......................... 5 fr.
Plus 3 fr. 50 par ouvrier.
Fonderie de cuivre ayant laminoirs ou marti-
nets (Exploitant de) :
100 fr. par laminoir et 10 fr. par martinet.
Fonderie de cuivre sans laminoirs ni martinets
(Exploitant de) :
30 fr. par chaufferie, feu, four ou fourneau de
fusion.
Fonderie de cuivre et bronze (Entrepreneur
de) :
Fondant des objets de grande dimension. 5 fr.
Plus 7 fr. par ouvrier.
Fondant des objets de petite dimension.. 5 fr.
Plus 4 fr. par ouvrier.
Fonderie de fer de seconde fusion (Entrepre-
neur de)........................ 5 fr.
Plus 4 fr. par ouvrier.
Fonderie ou affinage de plomb ou de zinc (Entre-
preneur de)...................... 5 fr.
Plus 4 fr. par ouvrier.
Fondeur stéréotypeur.................. 5 fr.
Plus 4 fr. par ouvrier.
Forges (Maître de) :
40 fr. par feu d'affinerie, par four à puddler
et par forge dite catalane; 80 fr. par four à ré-
chauffer.
Le maître de forges dont l'établissement
renferme des usines à fours ou à feux telles
que fonderies, laminoirs, martinets, etc., pour
lesquelles il existe au tarif des bases de colisa-
tion spéciales, ne doit néanmoins être imposé
pour ces usines que d'après le nombre de leurs
feux ou de leurs fours; mais on devra comp-
ter dans ce cas, indépendamment des éléments
de production tarifés ci-dessus, les chaufferies
et les feux ordinaires, ainsi que les fourneaux
de seconde fusion. Les taxes seront de 30 fr.
par chaufferie et par feu ordinaire, et de 80 fr.
par fourneau de seconde fusion. Si les usines
dont il s'agit forment des établissements distincts
ou si l'on y traite d'autres métaux que le fer,
le maître de forges doit être imposé d'après les
bases qui concernent spécialement ces établissements.
Formes à sucre (Fabricant de).......... 5 fr.
Plus 5 fr. par ouvrier.
Formes pour la chaussure par procédés mécaniques (Fabrique de)................. 5 fr.
Plus 3 fr. 50 par ouvrier.
Foulonnier :
3 fr. par pot à fouler ou à laver.
10 fr. par machine à fouler ou à laver.
Galvanisation du fer (Exploitant une usine
pour la)......................... 5 fr.
Plus 4 fr. par ouvrier.
Galvanoplastie (Fabricant de), doreur, argenteur
ou applicateur de métaux par les procédés
galvaniques...................... 5 fr.
Plus 6 fr. par ouvrier.
Gants (Fabricant de)................. 5 fr.
Plus 2 fr. 50 par ouvrier et 8 fr. par machine à
coudre.
Les droits ci-dessus seront réduits de moitié
pour les fabricants à façon.
Gaz pour l'éclairage (Fabrique de) :
20 centimes par mètre cube de la capacité
brute des gazomètres.
Glaces (Fabrique de) :
70 fr. par creuset et 15 fr. par ouvrier employé à l'étamage.

Guimperie (Fabricant de) par procédés mécaniques :
12 centimes par corde ou bout de corde.
Hauts-fourneaux (Maître de) :
3 fr. par mètre cube de la capacité brute des
hauts-fourneaux.
Plus 4 fr. par ouvrier employé à la fabrication
des objets moulés avec la fonte de première
fusion.
Horlogerie (Fabrique de pièces d') par procédés
mécaniques....................... 5 fr.
Plus 4 fr. par ouvrier.
Huile de goudron (Fabrique de).......... 5 fr.
Plus 5 fr. par ouvrier.
Huiles (Fabrique d') par procédés chimiques :
12 centimes par hectolitre de la capacité brute
des récipients extracteurs; 60 centimes par hectolitre de la capacité brute des chaudières à distiller.
Huîtres (Marchand d') vendant à des expéditeurs
ou à des marchands, faisant des envois sur
commmande ou expédiant pour son compte.
Lorsque les ventes, envois ou expéditions com-
prennent annuellement :
Plus de 800,000 huîtres.............. 100 fr.
800,000 huîtres ou moins............. 40 fr.
Instruments de mathématiques, d'optique, de phy-
sique et, en général, de sciences (Fabricant d')
par procédés mécaniques............ 5 fr.
Plus 5 fr. par ouvrier.
Jus de betteraves (Fabricant de):
48 fr. par chaque presse de première ou de
seconde pression.
Lamier-rotier......................... 5 fr.
Plus 4 fr. par ouvrier.
Laminerie (Entrepreneur de) :
Par cylindre d'un mètre de longueur et au-
dessus........................... 60 fr.
Par cylindre au-dessous d'un mètre de lon-
gueur............................ 30 fr.
Lamineur en fin : celui qui, au moyen de laminoirs
de petites dimensions, transforme en feuilles minces
à l'usage des fabricants d'objets d'art et d'ornementation, bijoutiers en faux, estampeurs, lam-
pistes, etc., les plaques de métal provenant des
fonderies de cuivre, laiton, zinc, etc.
Par cylindre :
D'un mètre de longueur et au-dessus.. 60 fr
De moins d'un mètre de longueur et de plus de
70 centimètres de longueur............ 30 fr.
Ayant de 30 centimètres à 70 centimètres de
longueur............................ 10 fr.
Ayant moins de 30 centimètres de lon-
gueur............................. 5 fr.
Laveur de laines par procédés mécaniques ou
chimiques....................... 5 fr.
Plus 4 fr. par ouvrier.
Laveur de vieilles étoffes pour les filatures de
laine.............................. 5 fr.
Plus 4 fr. par ouvrier.
Limes (Fabrique de).................. 5 fr.
Plus 4 fr. par ouvrier.
Lin ou chanvre (Fabrique de) par procédés mé-
caniques ou chimiques.............. 5 fr.
Plus 4 fr. par ouvrier.
Lits militaires (Entreprise générale des) 1,200 fr.
Maison particulière de retraite (Tenant une) 5 fr.
Plus 3 fr. par personne attachée au service de
l'établissement.
Maison particulière de santé (Tenant une). 5 fr.
Plus 5 fr. par personne attachée au service de
l'établissement.
Mareyeur expéditeur.................... 60 fr.

Maroquin (Fabrique de) avec machine à vapeur
ou moteur hydraulique . . . . 5 fr.
Plus 4 fr. par ouvrier.
Martinets (Maître de).
6 fr. pour chacun des marteaux mis en mou-
vement par l'arbre de camage.
Moulin ou autre usine à moudre, battre, triturer,
broyer, pulvériser, presser:
6 fr. par paire de meules ou de cylindres et
par presse, et 1 fr. 20 par pilon.
Lorsque les meules et les cylindres ne fonc-
tionneront pas par paire, le droit fixe afférent à
la paire sera appliqué à la machine ou au jeu
des machines qui en tiendra lieu.
Le droit sera réduit de moitié pour les moulins à bras, à manège ou à vent.
Les exploitants de moulins qui achètent les
matières premières pour revendre ensuite les
produits de leur usine sont imposables comme
marchands, lorsque l'ensemble des droits fixe et
proportionnel afférents à cette dernière qualifi-
cation excède l'ensemble des droits fixe et proportionnel afférents à l'exploitation du moulin.
Les usines à bras seront exemptes du droit
proportionnel.
Moulinier en soie, qu'il travaille pour son
compte ou à façon;
6 centimes par tavelle;
20 centimes par broche dite de filature dans
les établissements qui emploient le système
Meynard ou un procédé analogue;
1 centime par broche, fuseau, baguette ou axe
supportant les bobines, roquets ou roquelles de
toute nature.
On imposera également à raison de 1 centime
les bobines des flotteurs ou moulins de dévidage,
alors même qu'elles ne seraient pas supportées
par des axes.
Orthopédie (tenant un établissement d') . . 5 fr.
Plus 5 fr. par personne attachée au service de
l'établissement.
Ouate (Fabrique d') par procédés mécaniques:
4 fr. par carde.
Paille (Fabricant d'enveloppes de bouteilles et
autres objets en) . . . . 5 fr.
Plus 3 fr. par ouvrier.
Papeterie à la cuve: 18 fr. par cuve.
Papeterie à la mécanique:
60 fr. par machine ne pouvant fabriquer
que du papier d'un mètre de largeur et au-
dessous, et, lorsque la machine peut fabriquer
du papier plus large, 2 fr. en sus pour chaque
centimètre de largeur excédant le mètre; plus
6 fr. par machine à rogner, à lisser ou à satiner.
Les droits seront réduits de moitié:
1° Pour les machines ne séchant pas le papier
qu'elles fabriquent;
2° Pour les machines ne servant qu'à fabriquer,
rogner, lisser, etc., du carton ou des papiers
gris ou d'emballage.
Papiers peints pour tenture (Fabrique de):
6 fr. par table.
Dans les machines à imprimer à bras, chaque
rouleau comptera pour une table; dans les machines à imprimer mues mécaniquement, chaque
rouleau comptera pour deux tables; chaque machine à imprimer au tire-ligne comptera pour
deux tables et chaque machine à estamper, pour
trois. Lorsque la peinture aura lieu à la brosse,
au pinceau, etc., sans le secours des machines
précitées, on imposera 4 fr. par ouvrier.
Parfumerie (Fabricant d'articles de). . . 5 fr.
Plus 2 fr. par hectolitre de la capacité brute
de tous les alambics, et 5 fr par ouvrier.

Parquets (Fabricant de) par procédés mécaniques . . . . 5 fr.
Plus 4 fr. par ouvrier.
Pâte à papier (Fabricant de). . . . . . . 5 fr.
Plus 4 fr. par ouvrier.
Patouillet ou lavoir de minerai (Exploitant de):
10 fr. pour chaque lavoir ou patouillet; plus,
pour chaque pilon ou pour chaque cylindre,
les droits dont ils sont passibles d'après le
tarif applicable aux moulins ou autres usines à
moudre, battre, triturer, broyer, pulvériser,
presser.
Peignes (Fabricant de) par procédés mécani-
ques. . . . . 5 fr.
Plus 4 fr. par ouvrier.
Peinture sur verre (Exploitant un établissement
de). . . . . 5 fr.
Plus 5 fr. par ouvrier.
On ne comptera pas comme ouvriers les
artistes qui composent les cartons.
Perceur de pierres fines et diamants par procédés
mécaniques. . . . . 5 fr.
Plus 4 fr. par ouvrier.
Plumes métalliques (Fabricant de) . . . . 5 fr.
Plus 4 fr par ouvrier.
Polisseur, tourneur, émouleur ou planeur par
procédés mécaniques . . . . 5 fr.
Plus 4 fr. par ouvrier.
Porcelaine (Fabrique de).
1 fr. 20 par mètre cube de la capacité brute
des fours.
Le droit sera réduit de moitié pour les fours
à la houille dans lesquels on fera moins de
25 fournées par an et pour les fours au bois dans
lesquels on fera moins de 20 fournées par an.
Produits chimiques ou pharmaceutiques (Fabri-
que de) . . . . 5 fr.
Plus 5 fr. par ouvrier.
Quincaillerie (Fabrique de) . . . . 5 fr.
Plus 3 fr. 50 par ouvrier.
Sabots, bois de galoches ou bois de socques
(Fabricant de) par procédés mécaniques . 5 fr.
Plus 3 fr. par ouvrier.
Scierie mécanique (Exploitant de):
Pour le sciage des bois de construction,
menuiserie et tonnellerie:
4 fr. par lame.
1 fr. 50 par machine à mortaiser, à raboter, à
rainer, et autre machine analogue.
Pour le sciage des bois de marqueterie, de
placage et de tabletterie, des os et de la nacre:
4 fr. par couteau à trancher;
3 fr. par lame circulaire;
2 fr. par lame droite;
1 fr. 50 par machine à polir ou autre machine
analogue.
Pour le sciage des pierres et du marbre:
60 c. par lame.
Les exploitants de scierie qui achètent des matières premières pour revendre ensuite les produits de leur usine sont imposables comme
marchands, lorsque l'ensemble des droits fixe et
proportionnel afférents à cette dernière qualifica-
tion excède l'ensemble des droits fixe et proportionnel afférents à l'exploitation de la scierie.
Scies (Fabrique de). . . . . 5 fr.
Plus 4 fr. par ouvrier.
Sculptures (Fabrique de) par procédés mécaniques. . . . . 5 fr.
Plus 4 fr. par ouvrier.
Sirop de fécules de pommes de terre (Fabrique
de). . . . . 5 fr.
Plus 4 fr. par ouvrier

Soufflerie de poils pour la chapellerie et autres industries par procédés mécaniques :
6 fr. par assortiment de machines à souffler.
Sucre (Raffinerie de).................... 5 fr.
Plus 10 fr. par ouvrier.
Sucre de betteraves (Fabrique de).
3 fr. par hectolitre de la capacité nette soit des chaudières à défécation, soit des chaudières ou bacs de première carbonatation.
La capacité nette se déterminera au moyen d'une déduction, sur la capacité brute, d'un dixième pour les chaudières à défécation et de cinq dixièmes pour les chaudières ou bacs de première carbonatation.
Tanneur de cuirs forts ou mous :
40 centimes par mètre cube de fosses et de cuves.
Teinturier pour les fabricants et les marchands. 5 fr.
Plus 4 fr. par ouvrier.
Télégraphie privée (Entreprise de)..... 600 fr.
Tireur d'or, d'argent ou de platine par procédés mécaniques .... 5 fr.
Plus 4 fr. par ouvrier et 3 fr. par bobine de traction.
Tondeur de tapis par procédés mécaniques :
6 fr. par tondeuse.
Transport des détenus :
Entreprise générale.................. 369 fr.
Entreprise pour le transport des détenus du ressort d'une cour d'appel au moins.... 120 fr.
Entreprise pour le transport des détenus d'une circonscription moins étendue que celle d'une cour d'appel....................... 30 fr.
Tréfilerie en fer ou en laiton (Exploitant de) 5 fr.
Plus 4 fr. par ouvrier et 2 fr. par bobine.
Le droit par bobine sera réduit de moitié lorsque le diamètre des fils fabriqués sera inférieur à un demi-millimètre.
Trieur ou nettoyeur de déchets de coton par procédés mécaniques :
12 fr. par machine.
Trieur de laines par procédés ordinaires. 5 fr.
Plus 3 fr. par ouvrier.
Trieur de laines par procédés mécaniques :
12 fr. par machine.
Tuyaux de plomb (Fabrique de) par procédés mécaniques :
60 fr. par presse à refouler.
Ustensiles en fer battu (Fabrique d') par procédés mécaniques .... 5 fr.
Plus 5 fr. par ouvrier.
Verrerie ou gobeleterie (Exploitant de).... 5 fr.
Plus 2 fr. 50 par ouvrier employé à la fabrication proprement dite, et aux façons complémentaires de la taille, de la gravure, etc.
Verres de montres ou de lunettes (Fabrique de) par procédés mécaniques .... 5 fr.
Plus 3 fr. par ouvrier.
Vis (Fabrique de) par procédés mécaniques :
8 fr. par tour à tarauder ou par machine à tarauder.

4e PARTIE.

Droit proportionnel { Au 20e : sur la maison d'habitation ; Au 60e : sur l'établissement industriel.

Apprêteur d'étoffes pour les fabriques.... 5 fr.
Plus 4 fr. par ouvrier.
Apprêteur de bas ou autres objets de bonneterie pour les fabricants et les marchands.... 5 fr.
Plus 3 fr. par ouvrier.
Apprêteur et lustreur de fils pour les fabriques. 5 fr.
Plus 4 fr. par ouvrier.

Cardes (Fabrique de) par procédés mécaniques :
6 fr. par métier.
Chaudronnerie pour les appareils à vapeur, à distiller, à concentrer, etc. (Fabrique de). 5 fr.
Plus 5 fr. par ouvrier.
Collage et séchage de chaînes et tissus (Exploitant un établissement de) par procédés ordinaires .... 5 fr.
Plus 4 fr. par ouvrier.
Collage et séchage de chaînes et tissus (Exploitant un établissement de) par procédés mécaniques :
6 fr. par tournant ou cylindre.
Cordes ou ficelles (Fabrique de) par procédés mécaniques :
2 centimes par broche ou fuseau.
Drap-feutré (Fabricant de) par procédés mécaniques :
1 fr. 20 par paire de cylindres des machines à feutrer.
Fil (Dévideur de) :
1 centime par broche.
Fil à coudre, à broder, à tricoter, etc. (Retordeur ou fabricant de) :
Pour une retorderie de fil de coton : 2 centimes par broche des moulins et des métiers à retordre.
Pour une retorderie de fil de laine : 4 centimes par broche des moulins et des métiers à retordre.
Pour une retorderie de fils de déchets ou de bourre de soie : 6 centimes par broche des moulins et des métiers à retordre.
Pour une retorderie de fil de chanvre, de lin, d'étoupe ou de jute : 8 centimes par broche des moulins et des métiers à retordre.
Plus 4 fr par ouvrier employé aux opérations autres que la mise en action des moulins et des métiers à retordre.
Le retordeur de fils mélangés paiera la taxe afférente à la retorderie passible du droit le plus élevé.
Fil de coton, de laine, de chanvre, de lin, d'étoupe, de déchets ou bourre de soie pour le tissage (Retordeur de) ; celui qui convertit le fil simple en fil retors destiné à fabriquer les chaînes pour le tissage :
1 centime par broche.
Filature de laine cardée :
4 centimes par broche.
Ce droit sera réduit de moitié pour les filatures non pourvues de carderie.
Les broches des métiers en gros susceptibles d'être assimilés aux bancs à broches ne sont pas passibles de la taxe.
Filature de laine peignée :
4 centimes par broche.
Ce droit se cumulera avec le droit fixe afférent aux carderies ou peigneries pour les filatures qui renfermeront des machines à peigner ou à carder.
Les broches des bancs à broches ne sont pas passibles de la taxe.
Filature de chanvre, de lin, d'étoupes ou de jute :
8 centimes par broche.
Ce droit sera réduit de moitié pour les filatures non pourvues de peignerie ou de carderie.
Les broches des bancs à broches ne sont pas passibles de la taxe.
Filature de coton :
2 centimes par broche.
Ce droit sera réduit de moitié pour les filatures non pourvues de peignerie ou de carderie.
Les broches des bancs à broches ne sont pas passibles de la taxe.

Filature de déchets ou de bourre de soie :
6 centimes par broche.

Ce droit sera réduit de moitié pour les filatures non pourvues de peignerie ou de carderie.

Les broches des bancs à broches ne sont pas passibles de la taxe.

Imprimeur d'étoffes ou de fils :
4 fr. par table.

Dans les machines à imprimer au rouleau chaque rouleau comptera pour 25 tables.

Dans les machines à imprimer dites *perrotines*, chaque couleur comptera pour 6 tables.

Dans les machines à imprimer à la planche plate, chaque planche plate comptera pour 6 tables.

Lacets ou tresses en laine, coton ou soie (Fabrique de) par procédés mécaniques :
2 centimes par fuseau.

Machines à coudre, à piquer, à broder, à plisser, et autres machines analogues (Constructeur de). . . . . 5 fr.
Plus 5 fr. par ouvrier.

Machines à vapeur, métiers mécaniques pour la filature et pour le tissage, et autres grandes machines (Constructeur de) . . . . . . 5 fr.
Plus 5 fr. par ouvrier.

Métiers (Fabrique à) :
Tissage de coton, chanvre ou lin :
2 fr. 50 par métier mû mécaniquement ;
1 fr. 50 par métier à bras.
Tissage de laine :
3 fr. par métier mû mécaniquement ;
2 fr. par métier à bras.
Tissage de soie :
3 fr. par métier ordinaire mû mécaniquement ;
2 fr. par métier ordinaire à bras.
1 fr. 20 par métier à ruban dit *de montagne*, ne faisant qu'une seule pièce.
Tissage de coton ou de lin, mélangé de laine ou de soie :
3 fr. par métier mû mécaniquement ;
2 fr. par métier à bras.
Tissage de ruban de fil (chanvre ou lin), de coton, de fil et coton :
8 centimes par bande des métiers à tisser.
Tissage de bretelles, ceintures, jarretières, etc. :
40 centimes par bande des métiers à tisser.
Tricots et bonneterie (Fabrique de) :
1 fr. 50 par métier à bras dit *métier français* ou *anglais;*
3 fr. par métier mécanique rectiligne n'ayant pas plus de deux divisions, et 1 fr. par chaque division en sus ;
1 fr. par métier circulaire ayant de moins 20 centimètres de diamètre.
3 fr. par métier circulaire ayant de 20 à 50 centimètres de diamètre ;
5 fr. par métier circulaire ayant plus de 50 centimètres de diamètre.
Tapis et tapisseries (Fabrique de) :
4 fr. par métier mû à bras ou mû mécaniquement ;
4 fr. par ouvrier occupé aux métiers de tapisseries à point noué ou point sarrasinois.
Passementerie (Fabrique de) :
4 fr. par métier à plusieurs bandes ;
1 fr. 20 par métier à une bande.
Tulle ou dentelle d'imitation (Fabrique de) :
20 fr. par métier à bobines et 10 fr. par métier à chaîne.
Le fabriquant qui fera compléter à la main des tulles façonnés qu'il aura fabriqués ne sera assujetti à aucun droit fixe en raison des ou-

vriers qu'il emploiera pour ce travail ; mais il paiera doubles droits pour les métiers munis de *jacquart.*

Pour les tissages autres que ceux spécialement désignés au présent article :
2 fr. 50 par métier mû mécaniquement ;
1 fr. 50 par métier à bras.

Le droit fixe sera réduit de moitié pour le fabricant travaillant exclusivement à façon, lorsque ce droit, calculé conformément au présent tarif, n'excédera pas 50 fr. en principal.

Sera exempt de patente le fabricant travaillant exclusivement à façon, dont le droit fixe, calculé conformément au présent tarif, n'excédera pas 10 fr. en principal.

Navires (constructeur de) . . . . 5 fr.
Plus 5 fr. par ouvrier.

Peignerie ou carderie de bourre de soie par procédés mécaniques :
5 fr. par machine à peigner ou à carder.

Peignerie ou carderie de coton par procédés mécaniques :
3 fr. par machine à peigner ou à carder.

Peignerie ou carderie de laine par procédés mécaniques :
5 fr. par carde, si l'établissement ne comporte que des cardes.

Si l'établissement comporte des cardes et des peigneuses marchant solidairement :
10 fr. par peigneuse produisant moins de 40 kilogr., par 12 heures de travail ;
15 fr. par peigneuse produisant de 40 à 80 kilogr. par 12 heures de travail ;
25 fr. par peigneuse produisant plus de 80 kilogr. par 12 heures de travail.

Les cardes qui ne seront pas nécessaires pour l'alimentation des peigneuses seront taxées à raison de 5 fr. chacune.

Dans aucun cas, le droit fixe ne pourra être inférieur à celui qui résulterait de l'application du droit de 5 fr. par carde, en comptant la peigneuse pour une carde.

Tubes en papier pour filature (Fabrique de) par procédés mécaniques :
6 fr. par métier.

5° PARTIE.

**DROIT PROPORTIONNEL AU 20°, SUR LA
MAISON D'HABITATION SEULEMENT.**

Abattoir public (Adjudicataire, concessionnaire ou fermier des droits à percevoir dans un) :
50 centimes par 100 francs ou fraction de 100 francs du prix de ferme ou du montant de l'adjudication.

Dans le cas où la perception des droits serait concédée à titre d'indemnité ou de remboursement, le concessionnaire serait annuellement imposé sur la somme représentant l'annuité nécessaire pour assurer, à la fin de la concession, l'indemnité ou le remboursement stipulé.

Bac (Adjudicataire, concessionnaire ou fermier de) :
50 centimes par 100 francs ou fraction de 100 francs du prix de ferme ou du montant de l'adjudication.

Dans le cas où la perception des droits de péage serait concédée à titre d'indemnité ou de remboursement, le concessionnaire serait annuellement imposé sur la somme représentant l'annuité nécessaire pour assurer, à la fin de la concession, l'indemnité ou le remboursement stipulé.

Barques ou bateaux (Loueur de) :
3 fr. par barque ou bateau.

Bestiaux (Marchand expéditeur de)...... 60 fr
Bois sur pied (Entrepreneur par adjudication de l'abatage et du façonnage des) :
30 centimes par 100 francs ou par fraction de 100 francs du prix des entreprises.
Lorsque le prix des entreprises sera de 500 francs et au-dessous, l'entrepreneur sera exempté de patente.
Carrières souterraines ou à ciel ouvert (Exploitant de)........................... 5 fr.
Plus 2 fr. 50 par ouvrier.
Cendres noires (Extracteur de)........... 5 fr.
Plus 2 fr. 50 par ouvrier.
Chaises (Loueur de) :
50 centimes par 100 francs ou fraction de 100 francs du prix de ferme ou du montant de l'adjudication.
Dans le cas où la perception du prix de location des chaises serait concédée à titre d'indemnité ou de remboursement, le concessionnaire serait annuellement imposé sur la somme représentant l'annuité nécessaire pour assurer, à la fin de la concession, l'indemnité ou le remboursement stipulé.
Concerts publics (Entrepreneur de) :
3/10 d'une recette complète, si les concerts ont lieu plus de trois fois par semaine ; 3/20, si les concerts n'ont lieu qu'une, deux ou trois fois par semaine.
Desséchement (Entrepreneur de travaux de) 5 fr.
Plus 2 fr. 50 par ouvrier
Dragues avec moteur mécanique (Exploitant de)................................. 5 fr.
Plus 4 fr. par ouvrier.
Dragueur avec machine à bras ou à manège 5 fr.
Plus 3 fr. par ouvrier.
Dragueur travaillant à bras seulement.... 5 fr.
Plus 2 fr. 50 par ouvrier.
Eclairage à l'huile (Entrepreneur d') :
50 centimes par 100 francs ou par fraction de 100 francs du montant des entreprises.
Fabrication dans les prisons, etc. (Entrepreneur de) :
1 fr. par détenu occupé à la fabrication.
Fabrication dans les dépôts de mendicité (Entrepreneur de) :
40 centimes par détenu occupé à la fabrication.
Flottage (Entrepreneur de)............... 5 fr.
Plus 3 fr. par ouvrier.
Fontaines publiques (Fermier de) :
50 centimes par 100 francs ou fraction de 100 francs du prix de ferme.
Fournisseur général dans les prisons ou dépôts de mendicité :
A forfait et par tête de détenu,
50 centimes par tête de détenu.
Fruits, légumes frais, champignons et autres comestibles analogues (Marchand expéditeur de)..................................... 60 fr.
Gare d'eau (Entrepreneur de) :
25 centimes par are de la superficie des bassins ainsi que des terrains affectés à l'exploitation de la gare.
Halles, marchés ou emplacements sur les places publiques (Adjudicataire, concessionnaire ou fermier des droits de) :
50 centimes par 100 francs ou fraction de 100 francs du prix de ferme ou du montant de l'adjudication.
Dans le cas où la perception des droits serait concédée à titre d'indemnité ou de remboursement, le concessionnaire serait annuellement imposé sur la somme représentant l'annuité

nécessaire pour assurer, à la fin de la concession, l'indemnité ou le remboursement stipulé.
Jaugeage, mesurage ou pesage (Adjudicataire, concessionnaire ou fermier des droits de) :
50 centimes par 100 fr. ou fraction de 100 fr. du prix de ferme ou du montant de l'adjudication.
Dans le cas où la perception des droits serait concédée à titre d'indemnité ou de remboursement, le concessionnaire serait annuellement imposé sur la somme représentant l'annuité nécessaire pour assurer, à la fin de la concession l'indemnité ou le remboursement stipulé.
Madragues (Fermier de).......... 30 fr.
Minières non concessibles (Exploitant de) ou extracteur de minerai de fer...... 5 fr.
Plus 4 fr. par ouvrier.
Octroi (Adjudicataire, concessionnaire ou fermier des droits d') :
50 centimes par 100 fr. ou fraction de 100 fr. du prix de ferme ou du montant des adjudications.
Dans le cas où la perception des droits d'octroi serait concédée à titre d'indemnité ou de remboursement, le concessionnaire serait annuellement imposé sur la somme représentant l'annuité nécessaire pour assurer, à la fin de la concession, l'indemnité ou le remboursement stipulé.
Pêche (Adjudicataire ou fermier de) :
50 centimes par 100 fr. ou fraction de 100 fr. du prix de ferme ou du montant de l'adjudication.
Restaurateur sur bateaux à vapeur.... 5 fr.
Plus 10 fr. par personne employée au service ou à la surveillance.
Sonnerie des cloches (Adjudicataire ou fermier de la) :
50 centimes par 100 fr. ou fraction de 100 fr. du montant de l'entreprise.
Spectacles (Directeur de) :
1° 3/10 d'une représentation complète dans les théâtres où l'on joue tous les jours ;
2° 3/20, si l'on ne joue pas tous les jours et si la troupe est sédentaire ;
3° Si la troupe n'est pas sédentaire, c'est-à-dire si elle ne réside pas quatre mois consécutifs dans la même ville........... 60 fr.
Spectacles, bals, concerts et autres réunions semblables (Adjudicataire ou fermier des droits à percevoir au profit des pauvres dans les) :
50 centimes par 100 fr. ou par fraction de 100 fr. du prix de ferme ou du montant de l'adjudication.
Tourbières (Exploitant de)......... 5 fr.
Plus 2 fr. 50 par ouvrier.
Travaux publics (Entrepreneur de)....... 5 fr.
Plus 25 centimes par 100 francs ou fraction de 100 francs du montant annuel des entreprises.
Lorsque le prix des entreprises sera de 500 fr. et au-dessous, l'entrepreneur sera imposé conformément aux règles du tableau A et en raison de l'objet spécial des entreprises, pourvu, toutefois, qu'il n'en résulte aucune surcharge comparativement aux taxes que produirait l'application du tarif ci-dessus.
Viandes (Marchand expéditeur de)...... 60 fr.

TABLEAU D

TAUX DU DROIT PROPORTIONNEL.

Le droit proportionnel est fixé aux taux ci-après :

Taux du 10ᵉ.

Le droit proportionnel est, sauf les exceptions énumérées au présent tableau, fixé au 10ᵉ de la valeur locative de tous les locaux occupés :

Par les patentables compris dans le tableau B;

Par les entreprises d'assurances non mutuelles;

Par les compagnies, sociétés ou comptoirs de reassurances;

Par les sociétés formées par actions pour opérations de banque, de crédit, d'escompte, de comptes-courants, etc.

Par la Banque de France et ses comptoirs.

Taux du 15e.

Il est fixé au 15e de la valeur locative de tous les locaux occupés par les patentables exerçant les professions ci-après qui comportent le droit proportionnel, sans droit fixe :

Architectes ;

Avocats inscrits aux tableaux des cours et tribunaux ;

Avocats au Conseil d'Etat et à la cour de cassation ;

Avoués ;

Chirurgiens-dentistes ;

Commissaires-priseurs ;

Docteurs en chirurgie ;

Docteurs en médecine ;

Greffiers ;

Huissiers ;

Ingénieurs civils ;

Mandataires agréés près les tribunaux de commerce ;

Notaires ;

Officiers de santé ;

Référendaires au sceau ;

Vétérinaires.

Les chefs d'institution et maîtres de pension payent également le droit proportionnel au taux du quinzième sans droit fixe; mais les locaux affectés au logement et à l'instruction des élèves ne sont pas compris dans l'estimation de la valeur locative.

Taux du 20e.

Le droit proportionnel est, sauf les exceptions énumérées au présent tableau, fixé au 20e de la valeur locative de tous les locaux occupés :

Par les patentables de la première, de la deuxième et de la troisième classe du tableau A :

Par les patentables de la première partie du tableau C.

Il est fixé au 20e de la valeur locative de la maison d'habitation pour les patentables de la deuxième, de la troisième et de la quatrième partie du tableau C.

Il est fixé au 20e de la valeur locative de la maison d'habitation seulement :

Pour les patentables de la cinquième partie du tableau C;

Pour les concessionnaires, exploitants ou fermiers des droits d'emmagasinage dans un entrepôt ;

Pour les directeurs de diorama, panorama, géorama, néorama ;

Pour les concessionnaires ou fermiers de péage sur un pont.

Taux du 30e

Le droit proportionnel est, sauf les exceptions énumérées au présent tableau, fixé au 30e de la valeur locative de tous les locaux occupés par les patentables de la quatrième, de la cinquième et de la sixième classe du tableau A.

Il est fixé également au 30e de la valeur locative de l'habitation seulement pour les fournisseurs d'objets de consommation dans les cercles et sociétés.

Taux du 40e.

Le droit porportionnel est fixé au 40e de la valeur locative :

Des établissements industriels compris dans la deuxième partie du tableau C;

Des locaux servant à l'exercice des professions ci-après :

Marchand de farines en gros ;

Marchand de grains en gros ;

Marchand de houblon en gros ;

Marchand de planches en gros ;

Marchands de bois compris dans la première classe du tableau A ;

Marchands de charbon de bois et de charbon de terre compris dans la première classe du tableau A ;

Marchand de vins en gros ;

Marchand d'huiles en gros ;

Blanchisseur de linge ayant un établissement de buanderie ;

Maître d'hôtel garni, mais seulement pour les locaux loués en garni ;

Maître d'hôtel, mais seulement pour les écuries, les remises et les locaux destinés au logement particulier des voyageurs. Les salles à manger et les autres locaux destinés à l'usage commun des voyageurs sont imposés au 20e comme l'habitation du maître d'hôtel ;

Exploitant de magasin général ;

Imprimeur-typographe employant des presses mécaniques ;

Individus tenant une école de natation ;

Individus tenant un manège d'équitation ;

Individus tenant une maison d'accouchement;

Individus tenant un jardin public ;

Individus tenant un lavoir public ;

Individus tenant un parc aux charrettes ;

Magasinier :

Entrepreneur de roulage ;

Entrepreneur de bains publics et douches ;

Entrepreneur de bains de mer dits *à la lame;*

Entrepreneur de bains de rivière en pleine eau ;

Entrepreneur du logement des troupes de passage;

Entrepreneur de distribution d'eau ;

Entrepreneur d'établissement pour les courses de chevaux, le droit proportionnel ne devant pas, d'ailleurs, porter sur le terrain des courses ;

Entrepreneur d'omnibus ;

Entrepreneur de cabriolets, fiacres et autres voitures semblables sous remise ou sur place;

Loueur de force motrice ;

Maître de jeu de paume ;

Maître de gymnase ;

Marchand de bois de sciage ayant chantier ou magasin et ne vendant qu'aux menuisiers, ébénistes, charpentiers et particuliers ;

Marchand en gros d'engrais ou amendements ;

Entreprises d'inhumation et pompes funèbres:

Exploitant de bateaux à laver ;

Loueur de chambres ou appartements meublés ;

Carrossier fabricant, mais seulement pour l'établissement industriel ; l'habitation et les magasins de vente sont imposés au 20e ;

Commissionnaire-entrepositaire de vins ;

Commissionnaire de transport par terre ou par eau, pour les locaux autres que les bureaux, servant à l'exercice de la profession ; l'habitation et les bureaux sont imposés au 10e.

Taux du 50e.

Le droit proportionnel est, sauf les exceptions énumérées au présent tableau, fixé au 50e de la valeur locative de tous les locaux occupés par les patentables de la septième et de la huitième classe du tableau A, mais seulement dans les communes de plus de 20,000 âmes.

Il est fixé également au 50e de la valeur locative des établissements industriels compris dans la troisième partie du tableau C.

Taux du 60e.

Le droit proportionnel est fixé au 60e de la valeur locative des établissements industriels compris dans la quatrième partie du tableau C.

EXEMPTIONS.

Sont exempts du droit proportionnel :

Les patentables des septième et huitième classes du tableau A qui exercent leur profession en ambulance, sous échoppe ou en étalage ;

Les patentables des mêmes classes qui résident dans les communes d'une population de 20,000 âmes et au-dessous ;

Les loueurs d'une chambre meublée ;

Les individus qui exploitent à bras des moulins ou autres usines à moudre, battre, triturer, broyer, pulvériser, presser, pour la valeur locative de ces usines ;

Les loueurs de chambres ou appartements meublés, mais seulement pour leur habitation personnelle.

Vu pour être annexé à la loi du 15 juillet 1880, délibérée et adoptée par le Sénat et par la Chambre des députés.

Société d'imprimerie P. Dupont, Paris, (Cl.). 29.3.81.